# CRIME TIME

*Acht mörderische Stories*

*Jürgen Ebertowski (Hg.)*

# CRIME TIME

## *Acht mörderische Stories*

*Mit Beiträgen von*

*Karr & Wehner*
*Eva Klingler*
*-ky*
*Silvo Lahtela*
*Sibylle Nägele & Joy Markert*
*Jan Eik*
*Dieter Kassel*
*und*
*Jürgen Ebertowski*

*Edition Saab bei*
*Schwarzkopf & Schwarzkopf*

*Inhalt*

Jürgen Ebertowski (Hg.): CRIME TIME – Acht mörderische Stories
Mit Beiträgen von Jan Eik, Karr & Wehner, Dieter Kassel, Eva Klingler, –ky,
Silvo Lahtela, Sibylle Nägele & Joy Markert und Jürgen Ebertowski
Edition Saab bei Schwarzkopf & Schwarzkopf
ISBN 3-89602-043-9

Umschlagbild Corinna Wittke – Lettering und Typographie Morten Heise
Satz Verlag auf Quark XPress
Druck Ueberreuter Wien – Printed in Austria

*Karr & Wehner*

# *Reka lebt hier nicht mehr*

Zum ersten Mal bemerkte Reka den Alten an einem Montag. Sie kauerte bei den Wasserspielen hinter den Kübeln mit Schlingpflanzen, die sich an den Betonsäulen bis hinauf unters Dach rankten und wartete darauf, daß die Geschäfte öffneten. Durchs Schaufenster der Modeboutique sah sie die Verkäuferin das Wechselgeld in die Kasse zählen. Die Frauen aus dem Stehcafé schoben die Tische nach draußen und stellten ihren Abfallclown mit dem weit aufgerissenen Mund auf. Der Mann von der Schuh- und Schlüsselwerkstatt am Ende der Marmorpassage drückte das Scherengitter vor seinem Laden zur Seite. Automatisch wischte er sich die Hände an seinem roten Kittel mit den weißen Buchstaben auf dem Rücken ab. Dann stellte er den Ständer mit den Schlüsselanhängern auf die Theke und schaltete seine Maschinen an.

Reka duckte sich hinter das dichte Blattwerk der Schlingpflanze. Es war riskant, hier zu hocken, solange der Eingang des Centers noch nicht geöffnet war und noch keine Menschen durch die Passagen wanderten. Die Uhr auf dem Stahlgestell über den Wasserspielen zeigte Viertel nach acht. Die Musik begann. Beschwingte Geigenklänge rieselten aus den versteckten Lautsprechern unter der Arkadendecke. Reka linste hinauf zu dem Kasten mit dem Kameraauge an der Säule. Ein rotes Lämpchen blinkte. Die Kameraaugen waren gefährlich. Reka wußte, daß die Männer in den schwarzen Uniformen kamen und sie abholten, wenn sie sich zu lange in ihrem Blickfeld aufhielt. Vor drei Monaten war es ihr einmal passiert, gleich nachdem sie sich hier eingerichtet hatte. Sie war vor Angst in Panik geraten, hatte geschrieen und um sich getreten, weil die Männer in den schwarzen Uniformen, mit ihren schweren Stiefeln und den Baretten genauso ausgesehen hatten wie die Soldaten, die ihren Vater, ihre Mutter und ihre große Schwester umgebracht hatten.

Doch sie schleppten sie nicht in eine Gefängniszelle, um sie zu vergewaltigen, wie Reka es erwartete, sondern sie wurde nach oben in einen großen Raum mit vielen Fernsehapparaten gebracht, auf denen die Männer alles beobachten konnten, was in den Passagen geschah. Sie fragten Reka barsch in ihrer Sprache nach ihrem Namen und was sie hier verloren habe. Reka zwang sich, die Männer verständnislos anzulächeln, obwohl ihr die Angst den Hals zuschnürte. Ihre Rechnung ging auf. Die Männer überlegten, was sie mit ihr machen sollten. Schließlich brachten sie sie in ein Zimmer mit ein paar Tischen und Stühlen und Bildern von nackten Frauen an der Wand. Reka glaubte, daß man sie jetzt doch noch vergewaltigen würde. Aber dann ließen die Männer sie allein. Reka hatte fünf Minuten gewartet und dann das Fenster geöffnet. Es ging nicht tief hinunter. Sie war in einem Busch gelandet, dessen Dornen ihr die Haut aufrissen. Aber sie hatte den Schmerz kaum gespürt und gemacht, daß sie davonkam.

Nach und nach öffneten die Geschäfte. Aus dem Stehcafé kam der Geruch von frischgebrühtem Kaffee, und die Musik aus den Lautsprechern wurde etwas lauter. Der Alte kam mit den ersten Leuten, die durch den Eingang ins Center strömten. Er steckte in einem abgewetzten Mantel, hatte abgelatschte Schuhe an den Füßen und eine Plastiktüte in der Hand, aus der eine Weinflasche ragte. Reka blinzelte, denn der Alte war nicht durch die Glastüren gekommen, sondern hatte sich aus einer Ecke in der Nähe des Eingangs herausgedrückt.

Eine Oma tapste mit einem Hefeteilchen in der Hand aus dem Stehcafé herüber und setzte sich seufzend auf die Holzbank bei den Blumen. Reka kam aus ihrem Versteck und nahm neben ihr Platz, so daß man denken mußte, sie gehöre zu der Frau. Sie behielt den Alten im Auge. Er wanderte zwischen den Leuten an den Tischen des Stehcafés herum. Ging jemand weg und ließ ein angebissenes Brötchen oder eine halbe Tasse Kaffee zurück, stellte sich der Alte sofort an den Tisch und bediente sich. Einmal blieb sein Blick kurz an Reka hängen. Sie lächelte automatisch, um sein Mißtrauen zu zerstreuen.

Der Mann aus dem Schuh- und Schlüsselladen schob das Gestell mit dem Plastiksack voller alter Schuhe vor seinen Laden. Das tat er jeden

Morgen, sobald die ersten Kunden im Center waren. Gestern hatte eine Frau ein Paar Turnschuhe in den Sack geworfen, die Reka gut gebrauchen konnte. Schuhe waren in den Geschäften schwer zu stehlen, weil immer nur einer in den Regalen stand. Reka wartete geduldig. Der Mann in dem roten Kittel behielt den Sack von seiner Werkstatt aus im Auge. Doch Reka hatte Zeit.

Ihre Chance kam früher als erwartet. Eine Frau brachte dem Rotkittel ein Paar Stiefel. Sie setzte sich auf den Hocker vor der Theke und unterhielt sich mit ihm, während er an seiner Werkbank mit einer Zange die alten Absätze abriß und in einer großen Lade nach einem passenden Ersatz suchte. Dabei mußte er den Sack aus den Augen lassen. Reka stand auf. Aus den Augenwinkeln sah sie den Alten an einen freien Tisch wechseln und nach einem angebissenen Wurstbrötchen greifen. Reka schlich sich an den Sack heran und griff gerade nach den Turnschuhen, als der Schuster sich wieder aufrichtete. Reka riß ihre Beute an sich und raste los. Der Rotkittel kam brüllend hinter ihr her. Sie flitzte die Passage entlang. Als ihr einer der Schuhe aus der Hand rutschte und sie sich bücken mußte, um ihn wieder aufzuheben, verlor sie wertvolle Sekunden. Wenn der Alte nicht wie zufällig seinen Fuß ausgestreckt hätte, so daß der Rotkittel darüber stolperte und lang hinschlug, hätte er sie erwischt. Reka verdrückte sich hinter einer Ecke. Vor dem Stehcafé schimpfte der Rotkittel mit dem Alten und packte ihn am Mantelkragen. Der alte Mann schien in sich zusammenzusinken, seine Schultern sackten herunter, die Knie knickten ein, sein Kopf pendelte hilflos hin und her. Ein paar Gäste mischten sich ein; der Rotkittel ließ den Alten los und gestikulierte wütend herum. In seiner Aufregung achtete er nicht mehr auf den Alten, der sich unauffällig verdrückte.

Mit den Turnschuhen in der Hand suchte Reka auf Umwegen ihr Versteck auf. Sie schlenderte an den Boutiquen und Läden in der oberen Passage vorbei, bog um die Ecke in den Gang zu den Toiletten ein und schlüpfte, als sie sicher war, daß niemand sie beobachtete, durch die Tür, auf der »Personal« stand. In dem kahlen Treppenhaus verharrte sie einen Augenblick, lief dann schnell die Stufen hinauf, öffnete auf dem halben Absatz die Klappe mit dem aufgemalten Flammenzeichen und zwängte sich in dem Schacht dahinter zwischen den dicken Rohren durch bis zu ihrem Versteck. Leise kroch sie in das Loch und tastete in der Dunkelheit nach ihrer Taschenlampe. Alles lag an seinem Platz: die Lampe, die Decken und der Rucksack, den sie aus der Kinderabteilung im Kaufhaus mitgenommen hatte. Daneben ihre Vorräte aus dem Supermarkt; Schokoladenriegel, Gebäck und Brot für die Sonntage, wenn die Geschäfte geschlossen hatten und man sich wegen der Kameraaugen nicht auf die leeren Gänge wagen konnte.

Vorher hatte Reka ihre Nächte unten im Keller des Centers verbracht, wo ein offener Container für Pappe und Verpackungen zwischen den Drahtgitterverschlägen stand. Es war dort unten gefährlich gewesen, weil manchmal nachts die Männer in den schwarzen Uniformen durch den Keller strichen und man auch nie wußte, wann die Lastwagen kamen, um den Container abzuholen. Einmal hatte sie es erst in letzter Sekunde geschafft, aus ihrem Versteck zu kriechen und wäre fast abtransportiert worden.

Dann waren Reka eines morgens die Handwerker aufgefallen, die die Stahltüren zu den Gängen mit den Rohren öffneten. Reka begriff sofort, daß so ein Gang das perfekte Versteck war. Sie hatte Glück und entdeckte, daß einer der Arbeiter seinen Schlüssel steckengelassen hatte. Sie stahl ihn und probierte ihn später aus. Er paßte bei den meisten Stahltüren und Klappen mit einem Flammenzeichen. Reka stahl im Kaufhaus eine Taschenlampe und schlich dann tagelang durch die kahlen Gängen hinter diesen Stahltüren, bis sie schließlich eine Klappe entdeckte, die sich leicht abnehmen ließ, und hinter der eine Kammer lag, vielleicht dreimal so groß wie die Hütte ihres Hundes, in die sie sich manchmal geflüchtet hatte, wenn ihre Eltern wütend auf sie gewesen waren. Auf dem Betonboden und zwischen den Rohren, die immer wärmer wurden, je kälter es draußen war, hatte Reka sich eingerichtet. Sie besorgte sich Pappe aus dem Abfallcontainer als Unterlage und stahl aus dem Bettengeschäft in der zweiten Etage eine Decke und ein weiches

Kopfkissen für ihr Lager. Das einzige, was ihr an dem Versteck nicht gefiel, war die Dunkelheit. Ohne ihre Lampe war es um sie herum so schwarz, daß sie vollkommen die Orientierung verlor. In den ersten Nächten war sie aus ihren Alpträumen hochgeschreckt und hatte vor Angst nicht wieder einschlafen können. Dann hörte sie die Ratten zwischen Rohren herumhuschen und mußte an das zerfressene Gesicht ihrer Mutter denken, die die Soldaten hinterm Haus nach der Vergewaltigung erschossen hatten. Reka lebte nur deshalb noch, weil sie sich auf dem Dachboden versteckt hatte, als die Soldaten gekommen waren. Die Nachbarn fanden sie später zitternd zwischen den Balken und lieferten sie in einem Lager ab. Nach zwei Wochen brachte man sie mit den anderen Kindern auf Lastwagen zum Flugplatz. Sie waren lange unterwegs, zuerst mit dem Flugzeug, dann mit einem Bus. In dem neuen Heim hatte sie mit zwei anderen Mädchen ein eigenes Zimmer. Reka freundete sich nicht mit ihnen an und blieb auch zurückhaltend, wenn die Schwestern mit ihr redeten. Nach ein paar Tagen fielen ihr die Leute auf, die abends kamen und manchmal Kinder mitnahmen, die dann nicht zurückkehrten. Reka bekam Angst, daß man auch sie irgendwann einmal abholen und vergewaltigen würde, um sie dann zu töten, deshalb stahl sie sich an einem Nachmittag davon, als die Schwestern mit ihnen im Park spielten. Das Heim lag in einem Wald, und Reka glaubte, daß sie nie wieder aus dem dunklen Gestrüpp herausfinden würde. Aber dann stieß sie auf eine Straße und ein paar Kilometer weiter auf ein Dorf, wo Kinder an der Bushaltestelle warteten. Reka stellte sich dazu. Mit dem Bus kam sie in die Stadt. Der Hunger machte sie schwindelig, und schließlich stahl sie aus einem Kinderwagen die Milchflasche, die unter dem Deckbett lag. Später durchwühlte sie die Abfalltonnen bei den Bratwurst- und Reibekuchenständen am Bahnhof nach Resten. Fast zwei Wochen war sie in der Bahnhofsgegend bei den Männern und Frauen mit den bleichen Gesichtern und den leeren Augen geblieben und hatte nachts mit ihnen in dreckigen Wohnungen geschlafen. Dann war sie bei ihren Streifzügen durch die Stadt auf das Center gestoßen, wo es immer trocken und angenehm warm war.

Als Reka am Mittwochmorgen wieder hinter den Kübeln mit den Schlingpflanzen hockte und zusah, wie die Verkäuferin ihr Wechselgeld zählte, hörte sie auf einmal den Rotkittel fluchen. Vor dem Scherengitter seines Ladens hatte jemand einen großen braunen Haufen in einem See aus Pisse auf dem Marmorboden hinterlassen. Die Verkäuferinnen aus dem Stehcafé drehten angeekelt die Köpfe weg. Der Rotkittel würgte. Dann zerrte er sein Scherengitter zur Seite und telefonierte. Kurz darauf tauchten zwei Männer in schwarzen Uniformen auf. Sie betrachteten den Haufen, schrieben etwas auf, zuckten mit den Schultern, als der Rotkittel auf sie einredete und verschwanden dann wieder.

Inzwischen strömten die ersten Kunden in das Center. Die Frauen im Stehcafé riefen dem Rotkittel wütend etwas zu, und der holte schließlich einen Eimer, eine Kehrschaufel und einen Lappen und fing an, den Haufen wegzumachen. Reka betrachtete ihre neuen Turnschuhe. Sie paßten wie angegossen. Als sie sich wieder umblickte, sah sie den Alten aus den Kundentoiletten am Ende der Passage kommen. Sein Gesicht glänzte frischgewaschen, und die Haare lagen feucht am Kopf. Er hatte seine Plastiktüte dabei und mischte sich unter die Gäste des Stehcafés. Zufrieden grinsend beobachtete er den Rotkittel bei seinen Putzarbeiten. Reka riskierte es, hinter dem Kübel hervorzukommen. Der Alte erkannte sie und kniff ein Auge zu.

Sie wollte zurücklächeln, aber da sah sie, wie der Rotkittel seinen Putzlappen in den Eimer warf und sich schimpfend vor dem Alten aufbaute. Er stieß ihn vor die Brust und schrie ihn an. Der Alte wehrte sich wieder nicht, seine Schultern sackten ein, er starrte zu Boden und stolperte unter den Stößen des Rotkittels zu dessen Laden. Der Rotkittel zeigte auf den Eimer. Der Alte sollte den Rest des Haufens wegmachen. Der Alte wandte sich ab, doch der Rotkittel riß ihn wieder zurück. Leute blieben stehen. Reka befürchtete, daß gleich die Männer in den schwarzen Uniformen wiederkommen würden, um den Alten zu erschießen, so wie es die Soldaten mit ihrem Vater gemacht hatten.

Sie griff den Kübel der Schlingpflanze und schleuderte eine Handvoll der braunen Kügelchen in die Richtung des Rotkittels. Verwirrt ließ der Mann von dem Alten ab und sah sich wütend um. Der Alte nutzte seine Chance und verdrückte sich, so schnell er konnte. Reka atmete auf.

Am Donnerstag begegnete Reka dem Alten auf der Rolltreppe zur ersten Etage. Als er an ihr vorbei hinunterfuhr, lüftete er kurz seinen speckigen Hut und kniff wieder ein Auge zu. Reka lief die Treppe hinauf und stellte sich oben an die Balustrade. Sie sah, wie der Alte seine Runde durch die Passagen machte, die Papierkörbe durchstöberte und sich an der Snackbar von den Resten auf den Tischen bediente. Hin und wieder zog er seinen Mantel aus und trug ihn lässig über dem Arm, während er durch die Geschäfte schlenderte. Dann zog er ihn wieder an und strebte mit eiligen Schritten an den Ladenpassagen entlang. Reka begriff, daß er wohl von den Kameraaugen wußte und wahrscheinlich schon seine Erfahrungen mit den schwarzen Uniformen gemacht hatte.

Später trieb Reka sich vor einem Supermarkt herum, bis sie ein paar Äpfel aus den Obstkisten vorm Eingang einstecken konnte. Sie aß sie auf einer Bank im Erdgeschoß, danach wanderte sie hinter einer Mutter mit ihrem Kinderwagen durch das Kaufhaus und nahm ein paar frische Batterien für ihre Lampe mit. Im Supermarkt nebenan verteilte eine Frau kleine Tassen mit heißer Suppe, und sie merkte es erst beim vierten Mal, daß Reka sich immer wieder hinten anstellte. Reka ging langsam davon, weil sie wußte, daß Eile nur Aufmerksamkeit erregte. Sie folgte einer älteren Frau durch die Lebensmittelabteilung, griff sich einen Karton Traubensaft und eine Packung Kekse und gelangte im Schlepptau einer Familie mit zwei kleinen Kindern an den Kassen vorbei.

Draußen entdeckte sie durch Zufall den Alten wieder. Er döste auf einer Bank zwischen den Grünpflanzen. Die Ziffern der Uhr über den Wasserspielen sprangen um. Noch eine halbe Stunde, dann schloß das Center, und die dunkelhäutigen Männer mit ihren Eimern und Wischmops kamen, um die Marmorfußböden zu säubern, die Papierkörbe zu leeren und die Schaufensterscheiben zu putzen.

Der Alte rappelte sich hoch und ließ sich von dem Strom der Leute in Richtung Ausgang treiben. Reka lief ihm auf der anderen Seite der Wasserspiele hinterher. Kurz vor den Glastüren verschwand der Alte durch die Stahltür zwischen dem Brillenladen und dem Spielzeuggeschäft. Der Gang dahinter, das wußte Reka, war kalt und nicht als Nachtlager geeignet. Er führte aber nach unten in den Keller zu den Drahtgitterverschlägen und den Abfallcontainern.

Reka schlüpfte durch eine Tür mit einem Flammenzeichen ins Treppenhaus und lief nach unten. Nach den langen Erkundungsgängen, die sie in den ersten Wochen durch das Center unternommen hatte, fand sie sich überall zurecht. Sie erreichte schließlich die Tür zum Keller, auf der ebenfalls ein Flammenzeichen war. Ihr Schlüssel paßte. Vorsichtig lugte Reka in die düstere Kellerhöhle. Der offene Abfallcontainer stand in der Mitte, an den Wänden erhoben sich die Verschläge aus Drahtgittern, in denen die Ladenbesitzer Pappkartons, Säcke voller Plastikflocken, Holzwolle und Papierrollen aufbewahrten. Reka versteckte sich hinter dem offenen Container. Unter der Decke verbreiteten Lampen schwaches Licht.

Eine Stahltür klappte. Reka spähte um die Ecke des Containers. Da war der Alte. Er schlurfte zu einem Verschlag am Ende der Reihe und sah sich kurz um, ehe er sich an dem Vorhängeschloß zu schaffen machte. Reka fragte sich, ob der Alte den Schlüssel gestohlen hatte. Nein, wahrscheinlich war der Verschlag einfach überzählig, und der Alte hatte sich sein eigenes Schloß angebracht. Ein Summen ließ Reka herumfahren. Sie sah, wie die große Fahrstuhltür aufglitt. Heraus kam der Rotkittel, ein paar leere Kartons auf den Armen. Er steuerte den Container an, hinter dem Reka hockte.

Ihr Herz pochte. Sie saß in der Falle. Wenn sie weglief, würde der Rotkittel sie schnappen, und wenn sie sich nicht rührte, würde er sie entdecken, sobald er seine Kartons in den Container geworfen hatte.

Als die Tür am Verschlag des Alten klapperte, fuhr Reka zusammen. Der Rotkittel blieb stehen. Dann machte er den Alten bei seinem Verschlag aus und warf wütend seine Kartons hin. Als der Alte begriff, was geschehen war, war der Rotkittel auch schon bei ihm. Er schrie den

Alten an, beschimpfte ihn und stieß ihn in den Verschlag hinein. Der Alte taumelte gegen die Wand und wäre zu Boden gerutscht, wenn der Rotkittel ihn nicht sofort wieder in die Höhe gerissen hätte.

Reka sah, wie der Rotkittel mit der Faust zuschlug. Er traf den Alten mitten ins Gesicht. Der Kopf des Mannes schnellte zurück und krachte gegen die Wand. Blut schoß ihm aus Mund und Nase, während der Rotkittel blindlings auf ihn eindrosch. Rekas Kehle war wie zugeschnürt, in ihren Ohren rauschte es. Der Alte lag reglos am Boden. Sein Wimmern hatte aufgehört. Reka ahnte, daß er tot war. Der Rotkittel trat auf den Wehrlosen ein.

Reka glitt um den Container herum. Ihre neuen Turnschuhen machten kein Geräusch. Sie näherte sich dem Verschlag. Der Rotkittel hatte inzwischen von dem Alten abgelassen. Sein Atem ging schwer, als er sich über sein Opfer beugte und ihm ein Augenlid hochschob. Der Rotkittel fluchte. Im gleichen Moment, in dem er sich umdrehte, schlug Reka die Tür des Verschlages zu. Der Rotkittel brüllte auf und raste auf sie zu. Reka gelang es gerade noch, den Riegel an der Tür vorzuschieben, ehe der Rotkittel mit seinem ganzen Körpergewicht gegen das Drahtgeflecht prallte. Seine wütende Fratze war nur ein paar Zentimeter von Rekas Gesicht entfernt. Sie roch den Alkohol in seinem Atem. Reka wich zurück, als er kreischend und fluchend an dem Drahtgitter rüttelte. Aber die Verschläge waren solide gebaut. Reka schob sich wieder näher. Der Rotkittel versuchte, mit den Fingern durch die Drahtmaschen zu greifen, um den Riegel zu fassen zu bekommen. Keuchend verwünschte er Reka und spuckte nach ihr. Reka bückte sich und hob das Vorhängeschloß des Alten auf. Der Rotkittel brüllte und verkrallte sich in die Drahtmaschen, um den Riegel zur Seite zu drücken. Fast wäre es ihm gelungen, ihn zur Seite zu schieben, wenn Reka ihm nicht mit dem Schloß auf die Finger geschlagen hätte. Brüllend zog er die Hand für einen Augenblick zurück. Reka stieß den Riegel wieder vor und schob den Bügel des Vorhängeschlosses durch die beiden Löcher. Klickend rastete das Schloß ein. Reka zog den Schlüssel ab und sprang wieder zurück. Der Rotkittel tobte wie ein gefangenes Tier in dem Verschlag.

Reka ging weiter zurück. Sie schloß eine Tür mit dem Flammenzeichen auf und lief durch die Gänge zu ihrem Versteck. Im Schein ihrer Lampe rollte sie ihre Decke um das Kissen, verschnürte das Bündel mit einem Gürtel, packte ihre Lebensmittel in den Rucksack, knickte ihre Pappunterlage zusammen und schaffte alles hinunter in den Keller.

Der Rotkittel tobte in seinem Verschlag, als er Reka hörte. Sie schleppte ihre Pappen zu dem Container und warf sie hinein. Dann nahm sie ihren Rucksack und die Rolle mit der Decke und ging die Rampe hinauf zu dem Rollgitter. Draußen war es schon dämmerig. Der Parkplatz des Centers lag leer vor Reka. Rechts neben dem Rollgitter war hing ein gelber Kasten mit einem roten Knopf an der Wand. Reka hatte gesehen, wie die Lastwagenfahrer damit das Gitter herauf- und herunterfahren konnten. Sie preßte ihren Daumen fest auf den Knopf, über ihr summte ein Motor auf, und das Gitter ruckte in die Höhe. Eine Sirene heulte los. Reka schob ihre Sachen durch den Spalt, sobald das Gitter weit genug hochgefahren war und kroch hinterher.

In das Geheul der Sirene mischte sich das Gebrüll des Rotkittels in seinem Verschlag. Reka hob ihre Sachen auf und machte, daß sie davonkam, ehe die Männer mit den schwarzen Uniformen auftauchten.

*Eva Klingler*

# *Mausi*

## *Das erste Kuvert*

*Ohne Anrede.*

Ich sehe einen Mann vor mir. Einen Mann, der gerade diesen Brief erhält. Die Handschrift der Adresse kommt ihm unangenehm bekannt vor. »Doch nicht wieder die! Ich dachte, sie hat's nun endlich kapiert!«

Der Mann reißt den Brief hastig und lieblos auf. Man kann ja nie wissen.

Tatsächlich – sie ist es, sie hat diesen Brief an ihn geschrieben. Soll er überhaupt weiterlesen? Wahrscheinlich wird sie ihm wieder vorjammern wollen, wie sehr sie ihn liebt, und sich beklagen, über seine Liebe zu einer anderen Frau.

Frauen, bei genauer Betrachtung. Der Mann lächelt ein wenig verschlagen in wohliger Erinnerung an sich selbst.

Aber er ist sich unschlüssig, ob er dieses Geschreibsel überhaupt noch beachten soll. Er will nicht, daß sie wieder in sein Leben eindringt, auch nicht mit Worten. Aber das ist typisch für sie. Nie wußte sie, wann Schluß ist, kannte keine Intelligenz der Gefühle, wußte nicht, wie ein außereheliches Verhältnis nun mal aussieht und vor allem – er lacht leise – wie es aussieht, wenn es zu Ende ist. Noch immer wiegt der Mann den Brief in der Hand.

Tja, und dann sehe ich einen Mann, der nicht weiterliest. Er knüllt das Schreiben zu einer unleserlichen Kugel zusammen und wirft es weg. Das wird er bereuen. Denn in diesem Schreiben steht etwas, das sehr interessant für ihn ist. Nur interessant? Mehr noch, geradezu lebensnotwendig.

Er wirft den Brief ungelesen weg, und ich sehe einen Mann, der einen Fehler macht, und manche unserer Fehler sind tödlich.

Lieber Friedward,

gut, Du hast Dich also entschlossen, den zweiten Umschlag zu öffnen und den Brief zu lesen.

Ich kann Dich gleich zu Anfang beruhigen. Der Brief ist zwar von mir, aber er enthält kein Flehen, kein Bitten und kein Jammern.

Das glaubst Du natürlich nicht, ich kann den Zweifel in Deinem Gesicht geradezu sehen … und doch ist es so …

Ja, ich versuche mir jetzt sowieso Dein Gesicht – meine Freundinnen haben es übrigens immer fleischig genannt, Dein Gesicht, verzeih mir – vorzustellen, jetzt, da Du diesen Brief entfaltest und mit einigem Entsetzen seine Länge registrierst.

Am liebsten würdest Du natürlich spätestens jetzt diesen Brief wegwerfen, zusammenknüllen, mit einer Deiner raschen und wütenden Bewegungen auf den Papierkorb zielen.

Aber eine der Putzfrauen würde ihn möglicherweise finden, glattstreichen und sich neugierig über ein Stück Privatleben des Kultur- und Sportamtsleiters beugen. Das kannst Du keinesfalls riskieren, denn Du willst immerhin Kulturbürgermeister in dieser Stadt werden, eines nicht zu fernen Tages, und wenn die politischen Winde günstig wehen.

Also liest Du weiter? Gut. Glaube mir, es wird Dich interessieren, was ich Dir erzähle, und Dein Rat am Ende ist mir wichtig.

Dieses Schreiben wird auch wie ein fernes Echo von meinem Leben danach zu Dir kommen, ›*P. F.*‹, wie wieder meine Freundinnen spötteln. »Post Friedward!«

Wie sagte dieser Kabarettist kürzlich im Fernsehen: »Wir sterben, und Sie machen Witze!«

Ein kleiner Rückblick sei mir am Anfang nun doch erlaubt. Erinnere Dich an den vergangenen November, als Du es endlich geschafft hattest, mich so tief zu beleidigen, mich mitten ins Herz und in die Selbstachtung hinein zu treffen, daß ich nicht mehr anders konnte … Es war der Tag, als Du es also endlich geschafft hattest, mich loszuwerden.

»Ich will Dich nie wiedersehen. Solange ich lebe!« Als ich das gesagt habe, war es so gemeint, auf diesem Parkplatz vor dem Restaurant. Nie mehr im Leben wollte ich Deine kalten blauen Augen durch die Brille leidenschaftslos jeden kritischen Punkt an meiner Figur streifen sehen, nie mehr Deine Stimme hören, wie sie flach und ohne Interesse zu mir sprach.

Doch wie kurz kann ein Leben sein.

Schon am nächsten Tag kämpfte ich gegen den Wunsch an, Dich zu sehen, noch einmal wiederzutreffen. Ich war sicher, wenn Du mich erst in dem neuen schwarzen T-Shirt sehen würdest ... Außerdem war ich ja auch so schlank geworden, schlanker fast als Katrin, die ich damals, als sie auftauchte, als dürr empfunden hatte.

Trotzdem habe ich jedesmal lange gezögert, ob ich es überhaupt wagen kann, mich nochmals an Dich zu wenden. Ein paarmal hatte ich angerufen. Jedesmal hast Du nach ein paar förmlichen Worten aufgelegt; zum Schluß hat mich Deine Sekretärin nur noch zögernd durchgestellt.

Tief drin konnte ich Dich sogar verstehen.

Eine Geliebte abzuhalftern ist nicht einfach, vor allem dann nicht, wenn man auf eine mißtrauische Ehefrau und darüberhinaus eine neue Geliebte Rücksichten zu nehmen hat.

Katrin ist in diesem Punkt wahrscheinlich ganz anders als ich. Packender, schärfer, besitzergreifender.

Aber Du mußt auch versuchen, in meinen Schuhen zu laufen, wie die Engländer so mitfühlend sagen.

Auch für mich war es nicht gerade schön, nach fünf Jahren abgelegt zu werden, weggestellt wie eine leere Flasche, die man bei Gelegenheit zum Container bringt, um sich ihrer für immer zu entledigen.

An jenem ersten Nachmittag zu Hause habe ich zunächst versucht zu weinen, das schien mir angemessen, aber es ging nicht, kein Tröpfchen kam. Ich habe dann probiert, mich mit Likör zu betrinken, nicht einmal das wollte klappen. Hämmerndes Kopfweh wie eine Entzündung im Gehirn verursachte mir Brechreiz, meine Augen kullerten schmerzhaft in ihren Höhlen.

Ins Tagebuch wollte ich dann alles schreiben, von unserer Liebe, die fünf Jahre lang mein Alltag und mein Leben gewesen war, aber die Worte wollten sich nicht formen, so als weigere meine Seele sich, irgend etwas preiszugeben, loszulassen. Loslassen.

Drei Tage habe ich so verbracht, dann kam die Müdigkeit wie eine Erlösung. Und ich mußte irgendwie weiterstolpern durch mein Leben.

Meinen Job bei der Stadtverwaltung hatte ich damals auf Dein Drängen hin aufgegeben, weil Du Dir als Amtsleiter nicht leisten konntest, mit einer Mitarbeiterin anzubandeln. Ich habe es gerne getan, geradezu als etwas Besonderes habe ich mich gefühlt.

Meinen damaligen Freund – nichts Aufregendes vielleicht, aber immerhin ein Freund – habe ich verlassen, er schien mir nur noch Zeitverschwendung.

Freundinnen hatte ich noch ein paar übrig, sie waren mehr Therapeutinnen am Ende, geduldige Frauen, die immer spärlicher wurden, da sie die Kreisbewegung meiner Gedanken um Dich zunehmend unerträglicher fanden. »Lies doch mal was!« sagten sie ungeduldig. »Das bringt Dich auf andere Gedanken!« Sie wollten, daß ich ausgehe, neue Leute kennenlerne, sie wollten, daß ich Dich mit neutralen Augen sähe. »Wer ist er denn? Ein verheirateter Spießer, der ein preiswertes Vergnügen sucht!«

»Er schenkt Dir nichts, er lädt Dich niemals richtig zum Essen ein, er schläft regelmäßig mit seiner Frau, und er erzählt es Dir auch noch. Mit einem Wort – er behandelt Dich mies!«

Das stimmte alles. Du hast mich so oft versetzt und warten lassen, daß ich zum Schluß schon beinahe überrascht war, wenn Du pünktlich kamst oder länger als eine Stunde für mich Zeit hattest.

Sogar jetzt tut es noch weh, wenn ich an unsere Affäre zurückdenke. Zum Beispiel das Auto.

Also, ich brauche doch tatsächlich bloß ein knallblaues Auto zu sehen, ein Auto wie Deins mit diesen lustigen blau lackierten Außenspiegeln, die ich immer blaue Ohren genannt habe, und ich erinnere mich an den Spaß auf den karierten Polstern, an Arme, in denen ich beinahe verschwand.

An den Spaß, den Katrin jetzt in diesem Auto, auf diesen Polstern und in diesen Armen hat, mag ich allerdings nicht denken und tue es dennoch andauernd.

Unsere Trennung war also im November. Ende November. Bis Weihnachten nahm ich fast gar nichts wahr.

Am Heiligabend betrank ich mich in der ratlosen Gegenwart meiner einträchtig auf dem Sofa sitzenden Eltern, denen das peinlich war, und ich betrank mich noch schlimmer an Silvester, das ich bewußt alleine verbrachte, um mich an jede Einzelheit zu erinnern, die mit uns zusammenhing. Wie wir uns kennengelernt hatten – ich als Angestellte im Bereich Fremdsprachenförderung und Schüleraustausch, Du als mein Chef –, wie Du mich augenzwinkernd Deiner ahnungslosen Frau vorgestellt hast, obwohl wir schon regelmäßig miteinander schliefen, wie Du mir zu meinem ersten gemeinsamen Geburtstag einen Weidenkorb voll lila Nelken geschenkt hast und zu meinem letzten nur noch ein fleißiges Lieschen mit einer grünen Papiermanschette drum. Unten stand noch der Preis. 2 Mark 10. Mehr war ich Dir nicht mehr wert.

»Ich bin doch ein verheirateter Mann!« pflegtest Du scheinheilig zu sagen, erinnerst Du Dich noch. »Ich habe drei Kinder, vergiß das nicht! Wenn Du teuren Schmuck willst, kannst Du ihn Dir selbst kaufen. Hast ja keine Kinder!« Ich zuckte dann zusammen. Du blinzeltest verschlagen, »Gott sei Dank! Und laß Dir nicht einfallen, welche zu kriegen. Darauf bin ich einmal reingefallen, vor neunzehn Jahren!«

Mit diesem Argument, ich sei ja alleine, zahlte ich auch immer öfter im Restaurant mein Essen selbst, in der Kneipe mein Bier.

»Als Alleinverdienerin schwimmst Du doch im Geld!«

Dabei hatte ich eigentlich nicht viel.

Nach meiner Kündigung bei der Stadt arbeitete ich bei einer Sprachschule als Französischlehrerin und verdiente weniger als in der Zeit beim Kulturamt. Meine Wohnung hatte ich zu zahlen, das Auto, meinen

Lebensunterhalt – und vor allem das elegante Outfit, in dem Du mich gerne sahst.

Naja. In dem Monaten *danach* konnte ich jedenfalls wieder sparen. Ich ging nicht aus. Auch – um Dich nicht mit Katrin zu sehen. Viel Phantasie in der Auswahl Deiner außerehelichen Lokale hattest Du nämlich nicht, denn nur ein einziges Mal im Frühjahr wagte ich mich auf den Turmberg, wo wir immer unser abendliches Weizenbier getrunken hatten, und da sah ich schon Dein blaues Auto zwischen den Bäumen auf dem Parkplatz hervorblitzen.

Ich bin umgedreht und nach Hause gefahren.

Im März und April waren Kummer und Trauer ohnehin umgeschlagen in schlechte Laune und in eine gewisse mürrische Verbitterung. Außerdem war ich ständig müde. Meine Haut schien mir grau, meine Schläfen, meine Seele. Ich sah ein graues Jahr vor mir ...

Ist Dir dieser Brief ein wenig langweilig, Friedward? Das tut mir leid. Ich sehe Dich vor mir, wie Du mit Deinen Fingern ungeduldig auf den Schreibtisch trommelst, diesen kleinen verschrumpelten Fingerkuppen, die aussehen, als spültest Du ständig Geschirr damit. Es war gefährlich, Dich zu langweilen. Dann pflegtest Du stets gespielt aufgeregt auf die Uhr zu gucken und einen Termin zu erfinden, ganz eilig: »Du, ich muß gehen, wirklich. Ich ruf Dich an!«

So lernte die Pawlowsche Hündin, Dich nicht zu langweilen.

Im April ging es mir etwas besser, vielleicht weil es endlich warm wurde, und im Mai kam dann Patrick. Aha, ein Mann. Ein Ausdruck von Bauernschläue stiehlt sich jetzt in Dein Gesicht. »Na, also. War doch richtig, daß wir Schluß gemacht haben. Gleich kommt der nächste an die Reihe!«

Patrick König! Französisch wollte er lernen, Architekt war er und hatte eine Dozentenstelle hier an der Kunsthochschule, und eine Gastprofessur in Paris stand ihm im Herbst ins Haus.

Ein Mann wie aus den Gazetten. Groß, braungebrannt, blaue Augen und schwarze Locken, brisante Gene. Vater Ire, Mutter halbe Italienerin.

Die erste Stunde hielten wir unter dem Dach ab, in seinem Atelier, wo er bunte Riesenbilder malte, mit Kraft und mit einer Freiheit, die mir neu war. Die Farben stachen mir in der Nase, und ich nieste andauernd.

Fast überrascht hörte ich, wie er mich dafür bemitleidete.

Du hingegen, lieber Friedward, mochtest es nicht, wenn ich nieste. Oder wenn ich erkältet war. Oder deprimiert. Oder irgendwas außer verfügbar und anspruchslos.

»Wir können uns auch in einem Café treffen!« schlug Patrick vor, aber letztlich beschlossen wir dann, die Stunden in seinem Büro an der Uni abzuhalten. Dadurch lernte ich endlich neue Leute kennen. Es war so, als streckte ich die Nase aus einem muffigen Zugabteil in frische Fahrtluft.

Der Netteste war ein magerer Typ mit meliertem blondem Haar, das ihm wie ein Haufen Stroh vom Kopf abstand. Felix. Alleinerziehender Vater von zwei unsäglichen Kindern. Genervt. Die Kindesmutter fand sich gerade selbst, irgendwo in Asien, gemeinsam mit einer Freundin.

Ich sehe, wie Du die Nase rümpfst. Alleinerziehend? Das ist nichts für Dich. Die Mutter Deiner Kinder ist Dir heilig. Nicht gerade so heilig, daß Du sie nicht unaufhörlich betrügen würdest, aber verlassen ist nicht drin, und das muß jede wissen, die sich auf Dich einläßt. Manchmal habe ich sogar das Gefühl, sie verlieben sich genau deshalb in Dich. »Ich liebe meine Frau!« pflegst Du immer zu sagen, und dann gibst Du uns – Deinen kleinen Freundinnen – einen kurzen albernen Nasenstüber, »und in Dich bin ich verliebt.«

Felix und Patrick König waren ein gutes Gespann. Und beide verwöhnten mich. »Irgend jemand hat Ihnen die Lebensfreude genommen!« sagte König einmal zu mir, endlich wirklich in einem Café, wo er mich mit Pastis und Oliven fütterte. »Dazu hat eigentlich keiner das Recht!«

Und er tat alles, was in seiner Macht stand, um mich aufzuheitern. Mit Episoden aus seiner Heimat Italien, von dem ersten Fahrrad, gekauft vom Taschengeld, geklaut kaum eine Stunde später. »Mit dem alten klapprigen Rad meiner Schwester, einem Mädchenrad, man stelle sich die Schande vor, bin ich zur Polizeistation geradelt, um den Diebstahl zu melden. Als ich rauskam, war dieses Rad ebenfalls geklaut. Noch heute habe ich Angst, wenn ich mein Fahrrad nicht dauernd unter Kontrolle habe!«

Ich will das nicht zu lange ausdehnen, Friedward, denn die Details werden Dich kaum interessieren und tun am Ende auch nichts zur Sache.

Aber ich komme noch zu Dir, warte nur ein bißchen.

Habe ich mich verliebt in Patrick König? Du denkst an Dein eigenes heimtückisches, kleines Gefühlsleben und meinst ja, aber ich zögerte. Erstens hing ich immer noch an Dir, und zweitens war dieses Prachtexemplar natürlich ebenfalls verheiratet.

»Seine Frau ist ganz anders als er!« sagte Felix. »Still, total unauffällig, ein bißchen langweilig!« Er zuckte die mageren Achseln, wie ein Rabe sein Gefieder schüttelt. »Ganz hübsch, aber nichts Besonderes! Sie hat früher in der Bibliothek gearbeitet. Paßt irgendwie!«

Das war allgemein im Institut die herrschende Auffassung, vor allem bei weiblichen Hilfskräften und Studentinnen.

»Eine graue Maus!«, »Ihm weit unterlegen!« »Langweilig, ohne Phantasie!« »Nichtssagend!«

Mausi nannte ich sie fortan, die Frau von Patrick König. Ob er sie wohl seine Königin nannte?

»Die?« Felix lachte. »Nie! Ein kleines Dummerle!«

Fünf Tage später mußte ich einen Unterrichtstermin mit König absagen. Ich mußte zum Arzt, wegen meiner Rückenschmerzen. Im Institut erreichte ich ihn nicht, Felix gab mir bereitwillig die Privatnummer der Königs.

Mechanisch wählte ich, es läutete, jemand hob ab, jemand sagte: »König!« Nicht er, sondern sie. Eine Frau. Seine Frau. Überrascht, als hätte ich mich verwählt, legte ich auf.

»König!« hatte sie gesagt. Sonst nichts. Nicht mal.«Ja bitte?«

Nur König. Eine weiche, melodische, fast amüsierte Stimme, tief und beherrscht.

Ich sah aus dem Fenster.

Frau König ein schlichtes Dummchen? Ein Niemand? Mit *der* Stimme?

Als Studentin hatte ich mal im Telefonverkauf gearbeitet, ich kannte mich aus mit Stimmen und ihren Besitzern.

Jemand mit dieser Stimme war kein Dummchen. Hier sprach eine Frau, eine intelligente Frau mit einer starken Persönlichkeit.

Friedward, es tut mir leid, daß sich dieser Bericht so hinzieht. Vielleicht möchtest Du jetzt zu Katrin gehen? Vielleicht ist es halb sechs, Zeit ans Ehebrechen zu denken. Du wirst Laura anrufen, Deine Frau und Du wirst ihr sagen, daß Du um sieben zu Hause sein wirst. Nein, früher klappt es nicht. Die Arbeit! Sie wird schon verstehen.

Geh nur zu ihr. Du kannst ja morgen weiterlesen, das steht Dir frei, aber je schneller Du zu Ende liest, je besser für Dich, glaube mir.

Ich will Dir nicht drohen, wirklich nicht, wie könnte ich das überhaupt je wagen, wo Du derjenige bist, der mir drohte.

»Gut, wenn Du heute mittag keine Zeit hast, macht nichts, aber dann sieht es in den nächsten Wochen nicht gut aus für uns!«

Ich wußte, daß es nicht in Ordnung war, aber ich habe immer gemacht, was Du wolltest, auch wenn ich den Anblick meines in Erwartung geschminkten Gesichtes im Spiegel manchmal selbst nicht ertragen konnte.

Es war, als hätten meine Gedanken und meine Vorstellungen – jetzt, wo Du fehltest – wie ein schnüffelndes Tier irgend etwas gesucht, womit sie sich beschäftigen könnten.

Und jetzt hatten sie etwas gefunden, Mausi König.

Ich begann mir auszumalen, wieso er sich in sie verliebt hatte, wie sie wohl war, wie sie lebte, sprach, was sie in ihrem Alltag tat. Und was sie mir voraus hatte, mit dieser gelassenen Stimme voll Selbstverständlichkeit.

Also horchte ich Patrick aus über Mausi.

»Meine Frau?« Er schien überrascht, daß sich überhaupt jemand für sie interessierte. »Die ist … anders. Anders als ich und auch anders als Sie. Ruhiger. Ausgeglichener. Ist … na, zufrieden, würde ich sagen. Sie spielt gut Tennis, letztes Jahr wurde sie sogar Clubmeisterin, zwar nachdem der Schläger der Favoritin riß, aber immerhin, und sie hatte es verdient, ja, und dann liebt sie den Garten und meinen Hund, na … und sonst … sie spricht nicht viel, und sie kann wunderbar zuhören.« Er schwieg und schien beinahe ratlos, daß ihm selbst nicht mehr zu seiner eigenen Frau einfiel.

Wie es wohl war, an der Seite dieses Mannes zu leben? Und warum war ihre Stimme so anders als der Eindruck, den sie machte?

Einsam wie ich war, unausgefüllt wie ich nun war, fuhr ich an den Sommerabenden mit dem Auto in der Stadt umher, suchte zuerst beinahe lässig, dann mit zunehmendem Eifer nach der genauen Adresse in dem noblen Villenviertel.

Nach der Adresse der Königs.

Ein schickes Haus, ein gepflegter Garten mit südländischen hohen Bäumen, große Glasfenster hinaus auf eine Veranda, vor meinem inneren Auge sah ich die Grillfeste, hörte die Gäste plaudern, roch schon die glimmende Holzkohle. Alles glaubte ich zu sehen – nur Mausi begegnete mir nie, egal wie oft ich scheinbar zufällig an dem Haus vorübergondelte.

Ja, und dann eines Tages verspürte ich bei einer solchen Ausfahrt endlich wieder ein Gefühl, das ich lange vermißt hatte – Hunger. Richtigen Hunger. Lust auf irgend etwas.

Direkt vor dem kleinen Supermarkt zwei Straßen von Königs Haus fand ich einen Parkplatz, ein sauberes, freundliches Geschäft mit feinen Sachen für die Damen einer feinen Wohnsiedlung, die sich nicht mit Mettwurst zufrieden gaben. Ich begnügte mich mit einer kleinen Dose Thunfisch, als ich etwas Merkwürdiges beobachtete. Unweit, auch an der Delikatessentheke, stand eine Frau, die ein Döschen Kaviar in der Hand hielt, es nachdenklich betrachtete und schließlich ganz langsam in ihren Einkaufskorb aus Weidengeflecht gleiten ließ. Ich hielt den Atem an. Die Frau kaufte noch verschiedenes ein, Oliven, ein Toastbrot, Meerrettich, und alles wanderte brav in den Einkaufswagen. An der Kasse legte sie ihre Ware auf das Band – nur den Kaviar nicht. Der Weidenkorb baumelte harmlos an ihrem Arm. Sie hätte jederzeit aus Versehen … Ich überlegte. Sollte ich sie anzeigen? – Was hättest Du gemacht, Friedward? Du tatest immer so ehrlich. »Ich bin ein Bürger«, hast Du stets gesagt. »Und das ist ein stolzer Stand!« Naja. Meine Freundinnen haben Dich einen hinterhältigen Spießer genannt – ich war mir unklar.

Die Frau, eine kräftige kleine Person, recht hübsch, mit energischem Hintern in engen Jeans, zahlte ungerührt, verpackte ihr Zeug, legte es liebevoll in den Korb.

Die Kassiererin bedankte sich höflich, wie es wohl in diesem Viertel üblich war. »Auf Wiedersehen und einen schönen Tag noch, Frau König!«

Also, das traf mich wie ein Keulenhieb.

*Das* war Mausi König. Eine Ladendiebin und eine raffinierte noch dazu! Unglaublich.

Zu Hause trank ich das erste Mal seit langer Zeit wieder zuviel. Und mein Interesse an Mausi wuchs natürlich.

Geduldig wartete ich stundenlang vor ihrem Haus, um die Ecke, von Sträuchern halb verborgen, auf dem Fahrrad oder im Auto. Das

Geduldig-Warten hattest Du mich ja gelehrt, Friedward. Oft hatte ich tagelang auf einen versprochenen Anruf von Dir gewartet, vor einem schweigenden Telefon, das ich wieder und wieder auf technische Defekte hin untersuchte.

Außerdem hatte ich nichts anderes zu tun.

Jetzt kannte ich sie ja, kein Problem, ihr ab und zu mit dem Auto zu folgen. Auch ins Schwimmbad, an einem heißen Sommertag. Es war fast so, als übernähme Mausi meine daniederliegende Freizeitgestaltung.

Ja, und in diesem Schwimmbad ... da geschah dann wieder etwas, das mich verwirrte.

Mausi steuerte auf die Kasse zu, löste einen dieser modernen computergesteuerten Scheine, ich in sicherer Entfernung hinterher, gemeinsam paddelten wir – jeder für sich – wenig später in Licht, Sonne und blauem Chlorwasser umher wie die schnappenden Frösche. Die meisten Schwimmer waren alte Leute, aber ein paar Kinder störten die ruhigen Kreise, sie schrien, sie spritzten sich an, sie sprangen verbotenerweise vom Beckenrand, tauchten pfeilgeschwind unter den behäbig Dahinschwimmenden durch, tauchten dann direkt vor dem überraschten Badegast auf und amüsierten sich angesichts des Schreckens, den sie verbreiteten. Mausi König ließ sich davon nicht beirren, zielstrebig, mit hocherhobenem Kopf und ordentlicher Frisur schwamm sie mit kleinen energischen Stößen von Rand zu Rand. Jetzt gerade tauchte so ein kleines Monster, ein ziemlich häßlicher Knabe, direkt vor ihr auf und prustete ihr unappetitlich ins Gesicht.

Einen Moment lang hielt sie in ihrem Takt wie ein stutziges Metronom an, der Junge lachte, seine Kumpane johlten, er schwamm weiter zu seinem nächsten Opfer, mit den strampelnden Füßen eine Spur von spritzendem Wasser hinterlassend.

Ich selbst hielt mich schnaufend am Beckenrand fest, ich bin nicht sportlich, nie gewesen. Mir reichte es. Langsam paddelte ich Richtung Treppe und Kabinentrakt, als ich den schrillen Ton der offiziellen Trillerpfeife hörte. Erwachsene und Kinder strömten zu Fuß oder schwimmend zu einer bestimmten Stelle des Außenbeckens, ich stieß mit Armen und Beinen eilig hinterher.

Mit geübtem Rettungsschwimmergriff transportierte ein kräftiger Mann gerade ein schlaffes kleines Wesen zum Rand.

»Der Junge wäre beinahe ertrunken!« schrie eine Frau mit vielen roten Flecken im Gesicht.

»Plötzlich ging er unter! Hier in dem Geblubber!«

Das Geblubber war ein wilder Whirlpool mitten im Außenbecken.

»Als ob ihn jemand gezogen hätte!«

»Unsinn!« herrschte der Bademeister, »tausend Mal habe ich euch gesagt, ihr sollt nicht so toben. Das habt ihr davon!«

Damit waren alle Umschwimmenden einverstanden, die Menge zerstreute sich in alle Richtungen.

Ich trieb zurück ins Innenbecken. Seltsam, ich hatte den Eindruck gehabt, der Junge könne gut schwimmen, sehr gut.

Auf dem Rückweg kam mir Mausi entgegengeschwommen, ruhig und gleichmäßig. Ihr Haar war nun naß, zuvor war es doch trocken gewesen … Und auf ihrem Gesicht lag ein kleines zufriedenes Lächeln, das gleiche Lächeln übrigens, mit dem sie der Kassiererin Adieu gewünscht hatte …

Mein Interesse an Mausi wuchs nun verständlicherweise. Endlich hatte mein Geist, nach den langen Jahren der Beschäftigung mit Dir, dem Auf und Nieder Deiner Ehe, den Schicksalen und Begabungen Deiner Kinder, Deinem Haus und Deinem Garten, Deiner Karriere und Deinen Launen und Stimmungen etwas, womit er sich beschäftigen konnte.

Ich horchte Patrick weiter aus, über seine Frau, zur Tarnung in seinem neuerworbenen Französisch. »Est-ce que votre femme travaille? Arbeitet ihre Frau?« – »Nein! Elle n'en a pas besoin« Sie braucht das nicht. Sie kann sich gut beschäftigen …« Das stimmt, dachte ich. »Und außerdem, vielleicht kommt nochmal ein Kind … Ich habe zwar schon einen Sohn aus erster Ehe und eine Tochter …« Sein Gesicht verzog sich, er suchte nach Worten, redete auf Deutsch weiter. »Die hat eine

Zeitlang bei uns gewohnt, ein unerträgliches, kleines Biest ...« Er seufzte, »da muß ich meiner Frau recht geben! Schließlich hat sie noch einen verlodderten jugendlichen Liebhaber bei sich im Zimmer schlafen lassen, und die beiden haben sich bedienen lassen wie die Paschas ... meine Frau war sehr verärgert, glaube ich« Er lächelte. »Es war für uns alle eine Erleichterung, als sie verschwinden mußten, die beiden!«

»Mußten?«

»Ja, obwohl meine Tochter schwor, sie habe regelmäßig täglich die Pille genommen, ich meine, wir alle konnten die Schachtel im Bad nicht übersehen, wurde sie schwanger. Der Herr Galan mußte sich flugs eine Stelle suchen, sie sind nach Freiburg gezogen, und der Spuk war vorbei! Manchmal hat das Schicksal ein Einsehen!«

Ich sagte nichts dazu.

Zufälle schienen das Leben von Mausi zu begleiten, und diese Zufälle endeten oftmals unerfreulich. Für andere.

Ich beschloß, noch einen Schritt weiter zu gehen und Mausis Wirken vor ihrer Ehe an der Universität zu erforschen.

Felix gab mir den Namen der stellvertretenden Bibliotheksleiterin, mit der er über undefinierbare Kanäle befreundet war. Als Vorwand gab ich an, für eine Freundin, die Journalistin sei, Recherchevorarbeiten zu einem geplanten Artikel über am Arbeitsplatz geschlossene Ehen zu machen. Wie gut ich lügen konnte. Das muß ich von Dir gelernt haben. Du hast schamlos gelogen. Den Atem habe ich angehalten, wenn Du von meinem Telefonapparat zu Hause anriefst. »Rosemarie, ich komme etwas später, nein, ich bin nicht in meinem Büro, unten im Konferenzsaal, ja von einer Nebenstellenleitung. Gib den Kindern einen Kuß, ja Dir auch. Adele! ...«

Gabi Lott, einer hageren, nervösen Blondine, die zuviel rauchte und nicht nur deshalb, aber auch deshalb schärfer und älter aussah, als sie vermutlich war.

»Sie wundern sich vielleicht«, eröffnete ich das Gespräch, »daß ich ausgerechnet nach Frau König frage!« Schließlich bin ich ungeübt im Hinterherschnüffeln, man verzeihe mir, aber für den Anfang fand ich mich ganz gut. Aber ich erwarte kein Lob aus Deinem Mund, es gab niemals eines für mich.

Sie sah mich aus eisblau schillernden Augen an. »Oh nein!« sagte sie gelassen. »Ich wundere mich nicht. Frau König ist eine interessante Frau!«

Ich stutzte. Das war die erste, die so etwas über Mausi sagte. Ich fand, Gabi Lott sei auch eine interessante Frau.

»Wie sie eigentlich hierherkam, weiß ich nicht. Jedenfalls hat sie als Aushilfsangestellte gearbeitet, mußte die alten Bestände unten im Keller katalogisieren. Soweit ich weiß, kam sie aus einfachen Verhältnissen, war ursprünglich als Hilfskraft oben in irgendeinem Sekretariat gewesen. Kopieren, Ablegen – trostlos. Freiwillig hat sie sich dann für diese nicht minder trostlose Arbeit beworben. Staubig und düster, da unten im Keller, Gasofenheizung. Aber sie war gut. Fleißig. Brav und nett anzusehen. Sie hat sich dann um eine Stelle oben in der Recherche beworben, zusammen mit einer anderen Dame, und sie hat sie bekommen, die Stelle. Da ist sie König wohl auch das erste Mal begegnet!«

»War sie beliebt?«

»Beliebt? Weiß nicht. Unbeliebt jedenfalls nicht. Im Krankenhaus hat sie eine Menge Besuch gehabt, damals!«

»Krankenhaus?«

»Ja. Nach der Gasvergiftung durch den Ofen. Die Flamme war aus, urplötzlich, keiner wußte, warum. Schreckliche Sache, die Baupolizei hat eine Menge unangenehmer Fragen gestellt – ein Gasofen in einer Bibliothek, kein Sicherheitsabstand und so weiter. Wir mußten alles renovieren, der ganze Keller wurde aufgelöst. Heute ist die ganze Bibliothek in einem supermodernen Neubau, wie Sie ja sehen.« Gabi Lott schüttelte sich. »Der Anblick der armen Frau Dr. Wolfenreuther hat mich noch lange verfolgt!«

»Wolfenreuther?«

»Dozentin im Fachbereich Pädagogik, richtig alte Schule noch. Hatte da unten nach einem Buch gesucht, in einem ungünstigen Winkel, hat dort den Gasgeruch nicht rechtzeitig bemerkt ...« Gabi zuckte die Schultern. »Tja ...«

»Und?«

»Sie war tot!«

Das Wort *tot* durchschnitt die universitäre Stille des Raums wie ein Messer.

»Naja, sie war eigentlich ein richtiger alter Drachen, kein gern gesehener Gast bei uns in der Bibliothek, meckerte dauernd an uns herum, wo unser Platz als Dienstleistungspersonal wäre, und so weiter. Die arme Frau König hat wahrscheinlich versucht, sie zu retten, wo sie gerade an ihr besonders viel herumgenörgelt hat.«

Ich schwieg. Hier gab es nichts mehr zu sagen. Oder wäre Dir noch etwas eingefallen, Friedward, Dir fällt doch immer etwas ein. Schon an der Tür, drehte ich mich nochmal um.

»Was ist aus der Dame geworden, die die Stelle in der Recherche damals nicht bekommen hat? Warum hat sie sie nicht bekommen?«

Gabi Lott zuckte ihre dürren Achseln.

»Frau Grund? Tja, sie hatte eigentlich bessere Chancen, war besser ausgebildet, aber mit nur einer Hand ... Sie ist im Morgendunkel vor ihrem Haus irgendwie gestolpert, auf eisigem, gefrorenem Wasser ausgerutscht, muß wohl irgendeine Putzfrau leichtfertigerweise dort ausgegossen haben. Es dauerte monatelang, bis sie wieder normal arbeiten konnte, und da war die Stelle schon vergeben!«

»An Frau König!«

»Ja, an Frau König. Damals hieß sie noch Mullmann. Susie Mullmann! In der Recherche hatte sie dann viel mit König zu tun, naja!«

Gabi Lott zuckte wieder. Es war wohl ihre Lieblingsbeschäftigung.

Was hältst Du von all dem? Ich war ratlos. Sollte ich Susie – Mausi mochte ich sie nun nicht mehr nennen – König bei der Polizei melden?

Was sollte ich dort sagen?

Da ist eine Frau, die Frau eines stadtbekannten Architekten, und ich glaube, die stiehlt und bringt Leute um, die sie nicht mag. Sie würden einen Alkoholtest mit mir machen.

Damals – ich weiß nicht, ob Du Dich noch daran erinnerst – habe ich Dich angerufen! Ich wußte sonst niemand, dessen Rat mir wichtig war, aber Du hast mich sofort angezischt, kaum hattest Du meinen Namen gehört: »Ich hatte Dir doch gesagt, ruf nicht mehr an!«

»Ich will Dich nur etwas fragen!« hatte ich gesagt, recht jämmerlich habe ich wohl geklungen.

»Das sagst Du jedesmal!« Und hast einfach – klick – aufgelegt. Ich glaube, an diesem Tag habe ich erst begonnen, Dich zu hassen! Vorher war es nur Zorn und Enttäuschung, jetzt war es etwas anderes.

Doch zurück zu Susie König.

Eine Weile war Ruhe.

Ich war einfach zu betäubt, um sie noch weiter zu verfolgen, es war, als hielte ich den Atem an; damit nichts geschieht, tat ich gar nichts.

Bis Patrick König auf Dienstreise ging, nach Paris, um sich seine vorübergehende Dienstwohnung in der Nähe des Kaufhauses Samaritaine anzusehen. »Kommen Sie doch mit«, sagte er scherzhaft. Ich überlegte einen Moment, schüttelte dann den Kopf.

»Nehmen Sie Su … Ihre Frau nicht mit? Bleibt sie alleine?«

»Sie fährt nicht mit, nein. Der Hund, wissen Sie. Allein sein würde sie nur zu gerne, aber ihre Schwester hat sich ausgerechnet für ein paar Tage angesagt. Die verträgt den Fön in München nicht mehr, will sich hier sogar nach einer Wohnung umsehen. Meine Frau ist alles andere als erfreut, man kann sagen, sie ist entsetzt. Sie kann ihre Schwester nämlich nicht ausstehen! Als Kind hat sie sie wohl ganz schön gepiesackt! Naja, sie werden sich schon nicht umbringen!«

Ich sagte nichts.

Aber ich dachte etwas.

Nämlich, daß ich mir *da* gar nicht sicher war. Absolut nicht.

Von diesem Tag an begann ich, Susie wieder zu beschatten. Bei ihren Einkäufen, bei ihren Hobbies, beim Ausführen des Hundes, eines scheußlichen schmalen Dobermanns mit wachen Augen.

Ich sah aus meinem Auto heraus, wie sie ihren Mann verabschiedete, ich sah, wie ihre Schwester, eine gedrungene energische Person, ihr nicht unähnlich, ankam und wie sich der Besuch – ganz normal – gestaltete.

Du hältst mich jetzt gewiß für verrückt, Friedward, wie Du mich oft als ›überspannt‹ und ›viel zu empfindlich‹ bezeichnet hast, wenn ich beispielsweise enttäuscht war, daß Du über die Weihnachtsfeiertage und auch danach über Silvester nicht ein einziges Mal bei mir angerufen hattest ... »Aber Kindchen, Weihnachten habe ich doch keine Zeit. Da bin ich für die Familie da!« ... Also, Du hältst mich ganz gewiß für irr, aber ich war mir sicher, daß Susie ihre Schwester an diesem Wochenende umbringen würde.

So wie sie diese alte Professorin umgebracht hatte.

An einem frühen Sonntagmorgen wurde mein Warten belohnt. Susie, der Hund und Susies Schwester verließen sehr früh das Haus, in Joggingkleidung federten sie in die Richtung des nahen Waldes. Ich wartete in einer Seitenstraße, in meinem Auto kauernd, sah sie in etwa fünfzig Metern Entfernung vorbeitraben, und ich schwöre, auf Susies Gesicht lag der gleiche Ausdruck wie im Schwimmbad und im Edekaladen.

In sehr sicherer Entfernung – ich wartete immer, bis sie um eine Ecke waren und bog dann erst selbst ein – folgte ich den beiden zu einem Parkplatz im Wald. Dort legten sie erst richtig los, der Hund mit leichten Sätzen neben ihnen, ich folgte keuchend auf einem parallelen Waldweg, die laublosen Winterbäume gewährten mir meistens einen Blick auf die beiden Schwestern.

Sie bogen ab, Richtung See, um eine Ecke, noch eine, jetzt sah ich sie nicht mehr, ich rannte weiter, kam zu einer Kreuzung, hielt mich gefühlshalber rechts, rannte weiter, kam zu einer Lichtung, wieder zu einer Kreuzung, blieb keuchend stehen. Keine Spur von den Mullmanns. Ich hatte sie verloren!

Hilflos drehte ich mich um mich selbst, als etwas hinter mir knackte und ein leises tiefes Lachen ertönte.

»Nun, Frau Keller, wissen Sie nicht mehr weiter?«

Sie war alleine. Neben ihr, an der Leine, kurz gehalten, tänzelte der Hund. »Wo ist Ihre Schwester?«

»Schon nach Hause gegangen. Sie konnte nicht mehr, hat ein bißchen mit dem Herzen zu tun!«

»Und woher wissen Sie denn meinen Namen?«

»Na, hören Sie mal, Frau Keller. Beleidigen Sie nicht meine Intelligenz! Seit Monaten folgen Sie mir, überallhin, nicht wahr. Das erste Mal habe ich Sie, glaube ich, im Supermarkt gesehen!«

Sie lachte.

»Sie müssen eine einsame Frau sein, meine Liebe, daß Sie soviel Zeit an mich verschwenden. Sie waren auch in der Bibliothek, nicht wahr? Sie haben sich nach mir erkundigt. Hm?«

Ich schwieg.

Sie sah mich überaus freundlich an. »Ach, ich habe dort noch ein paar Kontakte. In meiner Lage ist es immer sinnvoll, nicht alle Bande zu durchschneiden. Und Sie haben gewiß die Sache mit Frau ... wie hieß sie noch gleich ... erfahren, und Sie haben sich natürlich ihren Reim darauf gemacht. Tja, das war wirklich eine unangenehme Person, die hat mich sehr geärgert ...«

»Deshalb haben Sie sie umgebracht?«

»Habe ich das?« Sie lächelt wieder. »Naja, sie wollte mich melden. Angeblich läse ich heimlich unten, anstatt zu katalogisieren.«

Susie streichelte den Hund, der ergeben zu ihr aufsah. »Die alte Vettel hatte natürlich recht. Ich habe gelesen, um meinen Verstand zu schulen, der leider immer unterschätzt wird. Mein ganzes Leben lang schon. Wissen Sie, wie man mich in der Schule genannt hat: Mausi! Unglaublich, nicht wahr?«

Ich schwieg. Wie ertappt.

»Und Sie halten sich auch für ganz schlau, oder? Sie denken jetzt, daß ich meine Schwester umbringen will, weil mein Mann ihnen vielleicht erzählt hat, ich mag sie nicht! Ist es so?«

Ihre harmlosen blauen Augen wurden ernst. »Das tue ich aber nicht. Ich liebe meine Schwester. Ich würde sie niemals töten! Aber Sie, verehrte Frau Keller, Sie liebe ich keineswegs. Im Gegenteil. Sie haben mich ziemlich geärgert, und deshalb werde ich *Sie* töten!«

Ich sah mich gehetzt um. Niemand in der Nähe. Kein Jogger, niemand so früh am Morgen. Frau gegen Frau waren wir. Schließlich hatte sie keine Waffe, zumindest nicht in der Hand.

Als hätte sie meine Gedanken erraten, lächelte sie wieder ihr vertrautes Lächeln.

»Keine Sorge. Der Hund wird es tun! Er wird Sie angesprungen haben, als Sie vorübergejoggt sind, und da Sie sich ungeschickt verhalten haben, wird er aggressiv und wird Sie beißen. Zu Tode beißen! Leider werde ich ihn nicht zurückhalten können. Ich bin nur eine unbedeutende dumme Frau ohne Persönlichkeit, wie sollte ich diesen Hund beherrschen können, der eigentlich – wie alles andere in meinem Leben – sowieso meinem Mann gehört. Leider wird er allerdings daran glauben müssen, später!« Sie tätschelte das Tier, das ergeben zu ihr hochsah. Es war ein grauenhafter Anblick.

»Ja, Frau Keller. Das wäre es dann wohl!«

Und sie ließ das Biest los ....

## *Der dritte Umschlag*

Daran, daß ich diesen dritten Brief schreibe, siehst Du, daß sie mich nicht getötet hat.

Selbst die intelligente Susie konnte natürlich nicht wissen, daß ich als Kind bei einer Hundeschule ausgeholfen hatte. Eine Weile lang wollte ich sogar Tierärztin werden, aber der Numerus Clausus hatte diese kühnen Pläne verhindert ...

Nun ja, jedenfalls setzte ich zwei geübte Griffe unters Maul und einen richtig angesetzten hinter das Ohr, und der Dobermann lag erstmal verblüfft und flach auf dem Boden. Er sah ziemlich dumm dabei aus. Mausi übrigens auch!

Jetzt war sein Gefüge durcheinander. Einen Ranghöheren zu töten, das ging nicht so ohne weiteres.

Scheu sah er zu seiner Herrin auf, die ihn unwillig aufforderte aufzustehen. Mausi/Susie war zu intelligent, um nicht zu wissen, daß ein zweiter Angriff keinen Sinn hätte.

»Frau König!« sagte ich. »Da hinten ist das *Waldstübchen.* Darf ich Sie zu einer Tasse Kaffee einladen!«

Sie sah mich an.

»Ich trinke nur Tee!« erwiderte sie sachlich, und das war der Beginn einer fruchtbaren Unterhaltung …

»Mein Leben lang galt ich als unscheinbares Dummerchen! Mein Bruder hat Automechaniker gelernt und galt damit beinahe als der Intellektuelle in der Familie. Mich ließ man überhaupt nichts lernen, dabei wußte ich, daß ich klug war! Klug nicht, schlau vielleicht. Jedenfalls nahm mich kein Mensch ernst. Alle waren größer als ich oder markanter, dunkler, blonder oder schöner.

Ich drohte ein Leben lang einfach unterzugehen.

Erst als ich mit Köpfchen das Kombinationsschloß eines blitzend neuen Fahrrads vor dem Tierpark knackte – es gehörte der Tochter einer Geschäftsfrau aus unserem Viertel, ich kannte ihre Hausnummer und ihren Geburtstag und diese Dinge – da dämmerte mir, daß es außer den beruflichen noch andere Möglichkeiten gab, mit Verstand durchs Leben zu gehen. Man bekommt einiges auf diese Weise: Gute Stellen, Männer und …« Sie lächelte. »… feinen Kaviar!«

»Und man wird Leute los, die man nicht mag!«

Wieder lächelte Susie König freundlich. »Auch das, auch das! Wie zum Beispiel diese kleine Nutte von Tochter aus erster Ehe.«

»Oder die Mitbewerberin um einen Job!«

»Ja, ich hatte beschlossen, möglichst in die Nähe von Büchern zu kommen. Dort konnte ich mich fortbilden, damit ich in Gesellschaft nicht unangenehm auffiel, und nur dort konnte ich die Art Mann kennenlernen, die ich wollte. Keinen fertigen Millionär mit Rolex und Porsche Carrera. Ich wollte einen, der das Potential im Kopf hatte, vielleicht mal Millionär zu werden. Und der in der Gesellschaft respektiert wurde! Eigentlich wollte ich nach der Erreichung meines Ziel mit meinen ... kleinen Nebenbeschäftigungen aufhören, aber ...«

»Patrick ist zu sehr mit sich selbst beschäftigt, nicht wahr? Neben ihm blieben Sie zu sehr das Mäus ...« Ich brach ab. Es schien sie nicht zu stören. »Das stimmt. Deshalb tut es mir ganz gut, ab und zu meinen Geist auszuprobieren! Es macht mir Freude, diebische Freude sozusagen!« Sie kicherte. War sie irr? Ich fragte es mich, aber die Antwort blieb aus. Vielleicht, vielleicht auch nicht.

Schweigen. Wir rührten in unseren Tassen.

Unser Gespräch war an dem Punkt angelangt, von wo es nicht mehr unverbindlich weiterging. Das wußten wir beide!

Ich saß einer Mörderin gegenüber! Sollte ich sie anzeigen? Laufenlassen? Das Ganze vergessen? Einer Zeitung anbieten?

Wie hättest Du an meiner Stelle gehandelt, Friedward?

Das wollte ich Dich übrigens damals am Telefon fragen, und es wäre gut gewesen, Du hättest mir geantwortet. Mir liegt doch soviel an Deiner Meinung. Oder lag, denn heute habe ich mich entschieden.

Susie saß mir schweigend und gelassen gegenüber und beobachtete mich.

Der Kellner kam und brachte noch einen Tee. Susie rührte flüchtig darin.

»Die Milch ist verdorben, schauen Sie mal ...« sagte sie kühl. Der Mann warf einen Blick in ihr Glas und erwiderte mürrisch: »Ach, das bißchen Flocken. Merkt man doch kaum. Na, geben Sie schon her!« Mit fiesem Blick schlurfte er widerstrebend in seine Küche. Susie sah ihm nur nach.

»Ich hoffe, er überlebt den Tag!« bemerkte ich heiter. Sie lachte.

»Mit Kleinkram gebe ich mich nicht ab!« erwiderte sie gelassen. »Also, ich habe Felix über Sie ausgefragt. Ich frage ihn harmlos und bieder stets aus über die Leute, die ihn Patricks Umgebung sind. Man kann nie vorsichtig genug sein; mein Mann ist attraktiv, und ich lasse mir nicht gerne etwas wegschnappen, verstehen Sie?«

»Oh ja, das verstehe ich gut!« erwiderte ich aus vollem Herzen und dachte an Katrin und an Dich.

»Er sagt, Sie sind nett, aber niedergeschlagen, ohne Lebensfreude. Er sagt, Sie haben einen Kummer. Sie haben sich geärgert, haben Probleme?« Schweigen. Ich knetete das Zuckerpäckchen, bis es aufriß und die weißen Körnchen auf den Resopaltisch rieselten.

Sie sah mich mit ihren freundlichen Augen wohlwollend an.

»Was meinen Sie ... vielleicht ließe sich ihr Kummer ja aus der Welt schaffen ...«

Tja, lieber Friedward, hier endet nun unsere einseitige Korrespondenz. Zumindest was mich angeht. Für Dich beginnt die Geschichte nun allerdings erst richtig.

Susie König hat es geschafft, daß ich Dich nicht mehr hasse, daß ich mich endlich entspannt zurücklehnen und den Dingen ihren Lauf lassen kann. Ich habe die Angelegenheit *›Friedward‹* in ihre bewährten Hände gelegt, denn für bestimmte Dinge ist sie nun mal Spezialistin.

Jetzt wischst Du Dir den Schweiß ab, von der Stirn, nicht wahr.

Es wird schwer für Dich sein, ihren Namen herauszufinden. Sie heißt nicht König, auch nicht Susie und ihr Mann ist natürlich auch nicht Architekt. Sie wohnt auch nicht in diesem Villenviertel, und ob sie im Tennisclub ist, bleibt fraglich.

Lebt sie vielleicht überhaupt nicht? Ist sie nur ein Produkt meiner überreizten Phantasie, die Du so oft kritisiert hast?

Lauert auf Dich da draußen keine mörderische Gefahr, die irgendwann zuschlägt. Wenn ja, was wird es sein? Eine Kugel? Ein Autounfall, vergiftete Pilze?

Wer ist Susie König?

Ach, ich vetraue ihr ... .

Dein erster Impuls ist jetzt natürlich, diesen Brief zur Polizei zu bringen, aber was wird dann Deine liebe Frau dazu sagen?

Dieser Brief hier ist eine Kopie, jederzeit kann ich das Original dorthin schicken, wo Du es nicht haben willst.

Du mußt Dich also zwischen Deinem gesellschaftlichen Leben und Deinem nackten Leben entscheiden? Häusliches Idyll oder Polizeischutz rund um die Uhr?

Ich jedenfalls habe mich entschlossen, sie nicht anzuzeigen und Susies freundliches Angebot anzunehmen.

Sie wird Dich töten, Friedward, denn es ist noch niemandem gut bekommen, sie zu ärgern. Und ich bin jetzt ihre Freundin, ihre Schwester.

Und ich finde, Du hast mich sehr, sehr geärgert.

Liebe Grüße,

Anna Keller

*–ky*

# *Einen trifft's mit Sicherheit*

Die Abteilung II F 33 (Design und Kultur) in der Hamburger EUROMAG-Zentrale hatte sich schon aufs Wochenende eingestellt. Kluwe, der Chef, wollte zu einem Kongreß nach Frankreich fliegen. Nicht ohne Saskia mitzunehmen. Dr. Hauchler fuhr zum Segeln, Leo Schötzel zur Demo. Da klingelte das Telefon. Kluwe nahm ab. Es war Simone Mosch, die Sekretärin des Chefs. Sie verband ihn mit Bernhard Branoner, der ›Nummer Eins‹.

»Hören Sie zu, die Krisensitzung ist gerade zu Ende. Wir schreiben nur noch rote Zahlen, wir müssen sparen. Auch bei Ihnen muß eine Stelle gestrichen werden. Wen Sie am besten entbehren können, entscheiden Sie selber.«

Es traf Kluwe schlimmer als den Jupiter der Kometeneinschlag. »Wie denn? Bei allen dreien geht's doch um die nackte Existenz! Dr. Hauchler ist zu alt, Leo kommt als alter Revoluzzer nirgends mehr unter – und daß Saskia woanders eine Stelle findet, das verhindert meine Frau.«

»Ihr Problem. Bis Montag will ich einen Namen haben.«

Nachdem Kluwe sie über die bevorstehende Katastrophe informiert hatte, saßen sie alle drei mit düsteren Gedanken in ihren Büros.

Leo Schötzel hatte im ersten Augenblick gedacht, daß er seinen Job bei der EUROMAG so sicher hatte wie der Papst den seinen in Rom. Er schmiß den ganzen Laden, ohne ihn war Kluwe verloren. Eher ließ der Saskia sausen. Aber warum sollte Kluwe sich von Saskia trennen, ganz sicher entschied er sich für Dr. Hauchler. Der war eh schon out und so überflüssig wie ein Heizer auf der E-Lok. – So Leos erste Reaktion, langsam aber sah er alles anders. Sein hohes Leistungsvermögen war ja nicht nur ein Segen. Kluwe hatte längst gecheckt, welche Gefahr er für ihn war. Seine politischen Jugendsünden, Gott, da konnte man mit dem Vorstand drüber reden. Ein Anruf, und Kluwe war draußen.

Damit war die Stelle eingespart, und sie hatten einen viel besseren Mann an der Spitze von II F 33. – Da durchlief es ihn eiskalt: Verdammt, wenn das so war, dann hatte Kluwe allen Grund, ihn vorher umzubringen. Ein Mord löste alle Probleme ...

Dr. Hauchler wußte, daß er bei diesem Pokerspiel die besten Karten hatte. Obwohl es nach außen hin ganz sicher nicht so schien, denn mit seinen 52 Jahren galt er als ausgebrannt. Ihm fiele nichts mehr ein, lästerten alle, sondern nur noch aus: Haare, Zähne und dergleichen. Daß ihn die anderen so schlecht einstuften, lag aber lediglich daran, daß sie seinen großen Trumpf nicht kannten: seine Beweise, daß Kluwe von Mogliano in Mailand einige zehntausend Mark kassiert hatte. Für den Zuschlag beim Bau des neuen Verwaltungsgebäudes. Wenn er damit zum Vorstand ging, war Kluwe erledigt. – Er selber leider auch, was den Job betraf. Aber immerhin war Kluwe außerstande, ihn zum Abschuß freizugeben. Wen also, fragte er sich, würde es treffen: Schötzel oder Saskia? Wenn der Schötzel gegangen wurde, dann sank ihr Output drastisch; wenn Saskia dran glauben mußte, dann war Kluwe ohne Bettgefährtin. Im ersten Fall war sein eigener Aufstieg gefährdet, im zweiten sein immenser Lustgewinn. Ging beides nicht. – Dr. Hauchler zuckte zusammen: Was blieb da Kluwe anderes übrig, als das Wochenende zu nutzen und ihn ins Jenseits zu befördern ...

Saskia goß ganz ruhig ihre Blumen. Daß Kluwe sie nicht opferte, war ihr so sicher wie die Tatsache, daß übermorgen Sonntag war. Da lagen sie beide in Paris im Bett. Die Frage war nur, ob sich ihr Liebster gegen Dr. Hauchler oder gegen Schötzel entscheiden würde. Sie tippte auf Leo, den er haßte, weil er besser war. Endlich war er ihn dann los. Also gar kein so großes Problem. – Da hatte sie plötzlich eine fremde Stimme im Ohr: ›Er ermordet dich, um dich los zu sein und zu seiner Frau zurückzugehen. Er hat dich längst über. Und die Schuld schiebt er dann auf Schötzel oder Dr. Hauchler. Die haben ja beide ein hübsches Motiv.‹

Kluwe selber war aber noch um einiges verzweifelter als seine drei Untergebenen. Was er auch tat, der Zug war falsch. Schlug er Dr. Hauchler zur Entlassung vor, war das wegen der Mogliano-Sache sein eigenes

Aus. Nannte er dem Vorstand Schötzels Namen, lief in seinem Laden nicht mehr viel. Und wenn er Saskia feuern ließ, brach er tausend Schwüre. – Da befahl er sich, positiv zu denken. Und sofort hatte er die Lösung: Bring doch einen von den dreien um. Das war's! Schaffte er Dr. Hauchler beiseite, war er seinen Erpresser los. Tötete er Leo Schötzel, konnte der ihn nicht mehr vom Chefsessel drängen. Und eliminierte er Saskia, kam er endlich wieder mit Cordula ins Reine, und die würde mal eine Menge erben ... Aber wenn seine Frau nun auch den perfekten Mord begehen wollte ...

Seit Bernhard Branoner die ›Nummer Eins‹ der EUROMAG war, der Vorstandssprecher, spielte er am Wochenende Golf. Für einen Workaholic wie ihn geriet jedoch auch das zur Arbeit. Man war von wichtigen Leuten umgeben und bekam Informationen zugespielt, die goldwert sein konnten. Außerdem hielt ihm sein Caddy das mobile Telefon auch beim Putten ans Ohr.

Ein Anruf aus Berlin. Sein Freund Rainer aus der Gauck-Behörde. »Du, es geht um deinen Dr. Hauchler. Hat offensichtlich für die Stasi gearbeitet und ist jetzt dabei, seine Spuren zu verwischen. Oder neu einzusteigen. Bei den Russen. Irgendwie soll da in Paris etwas laufen.«

Sie spielten zu dritt, und einer von Branoners Partnern handelte mit Alarmanlagen, Waffen und dergleichen. Der mußte eben etwas mitbekommen haben.

»Ach, Bernhard, was ich dir noch sagen wollte: Deine Leute decken sich derzeit mächtig mit Pistolen, Reizgasdosen und Elektroschockern ein. Diese Saskia, der Schötzel, die Cordula Kluwe. Das wird noch Mord und Totschlag geben, paß mal auf dein Image auf.«

Dem dritten Spieler seines Flights gehörte eine Firma für Werbung, Leuchtreklamen und dergleichen. Er begann sofort zu lästern. »Euer Image ist doch schon schlecht genug. Hausbacken, betulich. Wenn ich da an das große ›*E*‹ bei euch denke, auf'm Dach oben, da fällt mir zur EUROMAG nur ein: wacklig und verrostet.«

»Gott, wie oft hab ich dem Kluwe schon gesagt, sie sollen sich da was einfallen lassen!« Branoner war so böse, daß er seinen Abschlag am 9. Loch weit außerhalb des Fairways in die Heide setzte.

Wieder dudelte sein Telefon. Diesmal war es ein Spezi beim Verfassungsschutz. »Du, in aller Eile: Einer deiner tüchtigsten Leute hat Kontakte zu früheren RAF-Sympathisanten, der Schötzel. Und irgendwie hängen die wiederum mit einem Mafia-Clan zusammen.«

Branoner spielte prompt den ersten Doppel-Bogey dieses Tages. Es ärgerte ihn mächtig, was er da hörte, denn er war ein Moralist alter Schule. Das Wort vom ›ehrbaren hanseatischen Kaufmann‹ nahm er noch ernst, so anachronistisch es vielen scheinen mochte. Seine Leute hatten absolut sauber zu sein, da kannte er nichts.

Als er dann mit seinem schlechtesten Score seit Jahren im Clubhaus saß, kam der nächste Anruf, der ihn mächtig fuchste. Ein gewisser Fulvio Mogliano. »Wir hätten gerne ein Aktienpaket der EUROMAG übernommen. Aber zu ganz besonderen Konditionen. Sonst könnte ich mit einigen Informationen zur Presse gehen. Daß zum Beispiel Ihr Herr Kluwe von meinem Vater bestochen worden ist...«

Brechreiz packte Branoner. Wie ihn das alles anekelte! Seine Abteilung II F 33 ein Augiasstall, o Gott! Er rief seinen Ältesten an, der sich als Erster Kriminalhauptkommissar bei der ›Soko Organisierte Kriminalität‹ die Sporen verdiente.

»Hör mal, Robert, habt ihr was über einen Werner Kluwe bei euch im Computer und über einen ... äh, Fulvio Mogliano?«

Sein Sohn versprach ihm, schnellstmöglich zurückrufen. Was dann kam, brachte Branoner fast eine Gallenkolik ein.

»Über Kluwe nicht, aber über sein Frau. Cordula. Die steht irgendwie mit dem Mogliano-Clan in Verbindung, und die verdienen ihr Geld vornehmlich mit Rauschgift, Prostitution und anderen Geschäften dieser Art. Sie wollen mit Macht in die EUROMAG rein. Geldwäsche. Da soll sich im Augenblick einiges in Paris abspielen. Genaueres wissen wir noch nicht.«

All das ließ Branoner derart in Rage geraten, daß er, kaum war er zu Hause, seine Sekretärin anrief. »Hör zu, Simone, mir reicht's jetzt mit der II F 33. Da hilft nur noch eins: Totaloperation. Wir sparen nicht nur eine Stelle ein, wir schmeißen alle raus. Kluwe, Schötzel, Dr. Hauchler, Saskia – alle. Solange ich lebe, wird die EUROMAG nicht zur Geldwaschanlage Moglianos verkommen! Sieh bitte zu, daß du das bis Montag arbeitsrechtlich auf die Reihe bringst. Ich unterschreib's dann, wenn ich komme.« Erleichtert legte er auf.

Als Bernhard Branoner am Montagmorgen auf die Sekunde pünktlich auf seinen Parkplatz rollte, zog über Hamburg ein gewaltiges Gewitter herauf. Er empfand das als sehr symbolträchtig und richtig. Sein Chauffeur kam um den Wagen herumgelaufen, um ihm die Tür aufzuziehen. Branoner bedankte sich und hielt auf seinen Eingang zu. Beim Gehen sah er auf Hosen und Schuhe hinunter. Alles war korrekt. Wie immer.

In diesem Augenblick fiel das große schwere *›E‹* der EUROMAG-Reklame vom Dach herunter, traf und tötete ihn.

»Die Schweine haben ihn ermordet!« schrie sein Chauffeur.

Die Italiener suchten Fabricio Piccione schon seit geraumer Zeit. Mindestens zwei Morde wurden ihm zur Last gelegt. So war die Sache für die Hamburger Soko ziemlich klar. Die Fahndung war mehr eine Formsache. Man erwischte ihn noch in Frankfurt, als er in die Maschine nach Mailand steigen wollte.

»Ihr Pech, Piccione, daß Sie die Überwachungskamera vor dem Büro meines Vaters nicht gesehen haben«, sagte Robert Branoner. »Als Sie zu ihm geschlichen sind.«

»Ich bin nicht geschlichen, ich bin hingegangen wie jeder andere.«

»Um ihn zu ermorden.«

»Um mit ihm zu verhandeln!«

So ging es schon den ganzen Tag über. Tatsache war, daß Piccione um 8 Uhr 55 gefilmt worden war – vier Minuten, bevor das große E der EUROMAG-Reklame den Chef getötet hatte.

»So früh am Morgen haben Sie ihn sprechen wollen?«

»Es war eilig.«

»Und warum haben Sie sich keinen Passierschein beim Pförtner geholt?« fragte Robert Branoner.

»Da hat gar keiner im Häuschen gesessen.«

Der Pförtner aber schwor, seinen Platz nicht eine Sekunde lang verlassen zu haben.

Die Zeitungen meldeten, daß man den Mörder des EUROMAG-Chefs gefaßt habe.

Simone Mosch stand am Fenster und sah, wie sich Robert Branoner wieder in seinen Dienstwagen setzte. Der Mord an seinem Vater war restlos aufgeklärt, der Augiasstall hier in der EUROMAG, Kluwes Abteilung, endlich ausgemistet. Moglianos Killer ein Leben lang hinter Gittern. Konnte er also zufrieden sein, der Junge, und sich die Beförderung zum Kriminalrat erhoffen. Es freute sie.

Simone setzte sich an ihren Schreibtisch und zog ein Foto der ›Nummer Eins‹ aus den Tiefen einer kleinen Schublade. Die Widmung war mit edler Tinte und goldner Feder geschrieben. Man sah es ihr noch heute an, fast zehn Jahre später. ›Meiner Traumfrau zum 30. Geburtstag. Du bist in allem perfekt – und so liebe ich Dich! Dein Bernhard.‹ Sie schlang einen schwarzen Flor um die rechte obere Ecke und lehnte das Foto an ihre Schreibtischlampe, um mit dem Toten zu reden.

»Ach, Bernie, nun ist alles so gekommen, wie es kommen mußte. Warum nur, warum …? Ich weiß, die Chaostheorie. Der Flügelschlag eines Schmetterlings, der die Katastrophe auslöst. Da war der Vortrag, den du halten solltest. ›Über den Gedanken des Lean Management in der EUROMAG – Machen wir wirklich ernst mit der Verschlankung unserer Hierarchie?‹ Du bittest mich, das für dich zu tun. ›Und überleg dir mal, wen wir bei uns zum Abschuß freigeben können.‹ Und hätte ich nicht spontan an Kluwes Abteilung gedacht, dann wärst du jetzt noch am Leben …«

Sie stand auf und ging im Zimmer auf und ab. Ja, hätte ihr Cordula Kluwe nicht am Abend vorher gesagt, daß ihr Mann von ihr nie anders als von ›der alternden Diva auf dem Diwan des Alten‹ sprechen würde …

»Und noch etwas, Bernie: Alles wäre nicht passiert, wenn du letztes Jahr eingewilligt hättest, als sie mich nach Shanghai schicken wollten …«

China war ihre große Leidenschaft. Sie hatte Sinologie studiert, dann aber nach dem Tode ihrer Eltern schnell versuchen müssen, einen ›Brotberuf‹ zu finden. Aber sie konnte wesentlich mehr, als nur die Sekretärinnenrolle perfekt zu spielen. Sie blieb abermals am Fenster stehen. Gegenüber auf dem Dach entfernte man nun auch das *UROMAG*. Sozusagen als Rache dafür, daß das *E* den Chef getötet hatte.

»Mein Gott, Bernie, ich seh uns noch beide da stehen, Arm in Arm, und hinunter sehen auf die Stadt … Die Lichter, alles ein einziger Rausch. Die heiße Liebe unterm großen *E*. ›Mona, wenn meine Frau nicht mehr ist, dann heiraten wir.‹«

Ja, denkste! Wiebke Branoner war gestorben, und nichts war passiert. Außer, daß bei ihm eine Affäre die andere zu jagen begann. Sogar mit Cordula Kluwe war er ins Bett gegangen. Und während er sich amüsierte, durfte sie für ihn die Drecksarbeit machen.

Sie griff zu einem ihrer vielen chinesischen Bücher und schlug die Stelle auf, wo die altbewährte Strategie des ›jie dao sha ren‹ beschrieben war.

»Mein Bernie …« Sie küßte das Foto der toten ›Nummer Eins‹. »Du würdest noch leben, wenn du dich entschlossen hättest, mir zuliebe und mit mir zusammen Chinesisch zu lernen. Dann hättest du gewußt, was das heißt: jie dao sha ren …«

Es war das sogenannte ›Stellvertreter-Strategem‹ und hieß in wörtlicher Übersetzung: Mit dem Messer eines anderen töten.

»Ja, Bernie, so ganz genau stimmt es zwar nicht, denn ich habe dir selber das große *E* vom Dach aus auf den Kopf geworfen, aber ich wäre dazu nicht in der Lage gewesen, wenn ich nicht zuvor den Wirbel um Kluwe ausgelöst hätte. Das war mein Kalkül: Einen trifft's mit Sicherheit! Nicht den Kluwe, den Schötzel, die Saskia oder den Dr. Hauchler, sondern *Dich*. Die Abteilung II F 33, das war mein Messer, mit dem ich dich getötet habe. Du hast mich abhängig gemacht von dir, du hast mich ausgebeutet, du hast mir meinen großen Traum genommen, den

Job in Shanghai, du hast mich als Frau fallengelassen. So habe ich auch etwas fallengelassen: nämlich das große *E* auf deinen Kopf.«

Wieder stand sie am Fenster. Und zuckte zusammen. Sie spürte jenen Lufthauch im Nacken, der entstand, wenn das scharfe Fallbeil der Guillotine von oben herabgesaust kam. Robert Branoner war wieder aus seinem Wagen gestiegen und kam ins Gebäude zurück. Da hatte er also nachgedacht und war darauf gekommen, wer der wahre Mörder seines Vaters war. Die Mörderin ... Sie hätte es wissen müssen: Crime doesn't pay.

Simone sank in ihren Drehsessel. Aus und vorbei. Es klopfte. Der Henker war gekommen.

»Ja, bitte.«

Doch in der Tür stand nicht der Erste Kriminalhauptkommissar Robert Branoner, sondern Dr. Thedinghausen, der allmächtige Aufsichtsratsvorsitzende der EUROMAG. Er küßte ihr die Hand.

»Liebe Simone Mosch, ich komme mit froher Kunde zu Ihnen. Jerxheimer soll die neue ›Nummer Eins‹ in Hamburg werden, wir holen ihn nächste Woche aus Shanghai zurück. Und Sie würden mir und uns eine große Freude bereiten, wenn Sie an seiner Statt die Filiale in Shanghai übernähmen.«

Simone lief rot an. »Ich?«

»Ja, Sie. Wir wissen doch genau, daß Sie es gewesen sind, die Branoners Erfolge hier in Hamburg ausgemacht haben.« Dr. Thedingshausen stutzte. »Nun kommen Sie doch mal vom Fenster weg. Man muß ja fast fürchten, daß Sie sich da hinausstürzen wollen.«

»Nein, nein ...« Simone hatte nur sehen wollen, ob der Kommissar... Ja, da war er wieder und stieg nun endgültig in seinen Wagen, startete den Motor, gab Gas, fuhr weg. Robert Branoner war nur noch einmal schnell auf der Toilette gewesen.

Viel ist mir im Leben nicht geglückt, dachte Simone, aber immerhin ein perfekter Mord.

*Silvo Lahtela*

# *Massaker in Moll und live*

Raßter trommelte mit seinen kräftigen Fingerkuppen auf der Marmorplatte ein paar Takte im Rumbarhythmus. Nachdem er so auf sich aufmerksam gemacht hatte, begann er zu sprechen.

»Keine Ahnung, was in euch vorgeht. Wir schweigen uns jetzt schon gute fünf Minuten an. Für sechs Leute am Tisch ist das lange. Als ich das letzte Mal bei einer Beerdigung war, – einige weinten wenigstens. Ich fang jetzt einfach an und hoffe, ihr hört mir alle zu und denkt nicht nur darüber nach, was ihr dann erzählen wollt. Ob wir Frank, unsren Gastgeber für ein paar Nächte unsres Lebens, langweilen oder nicht, ob er am Ende auch unser Geldgeber wird, ich schätze, wir können das kaum beeinflussen und bestimmt nicht dadurch, daß wir ihn dauernd anschielen, uns ihm zuliebe verbiegen. Soll er in seiner Ecke sitzen und ab und an was murmeln, aber wir sollten uns wenigstens untereinander amüsieren. Wenn's uns Spaß macht, ist die Wahrscheinlichkeit doch größer, daß auch er was davon hat, unser zahlender, vielleicht zahlender Zuhörer. Jedenfalls habe ich nicht vor, mich selbst zu langweilen. Die Geschichte, die ich euch erzählen möchte, ist keine ausgedachte, aber sie hat sich noch nicht so rumgesprochen, wie sie es verdiente. Ihr kennt sie bestimmt noch nicht, denn was in den Zeitungen darüber stand, falls ihr Zeitungen gelesen habt, was in den anderen Nachrichtenmedien zu hören und zu sehen war, falls ihr ihnen zuhört und zuseht, dürfte, denke ich, schon deswegen nicht mehr in euren Köpfen, noch weniger in euren Herzen präsent sein, weil Nachrichten keine Geschichten sind, sowenig wie durch die Finger rieselndes Mehl bereits ein Brot ist. Nicht, daß ich das, was mein Beruf gewesen ist, madig machen will, ich habe ja als Journalist fast bis auf den heutigen Tag von diesem ununterbrochenen Informationsgeriesel gelebt, und das sogar ziemlich gut. – Ich möchte nur eure Konzentration auf einen Umstand lenken, den man leicht vergißt, der aber gerade für meine Story jetzt wichtig ist: Aktuelle Informiertheit hat mit realem Verstehen wenig zu tun, oft überhaupt nichts.

Als Frank mir vor zwei Wochen in Barcelona die Einladung für unser Treffen heute zukommen ließ, war ich mittendrin in einer Reportage über diese Stadt. Reisekosten, Spesen, das Honorar und den Auftrag dafür hatte ich von einer Zeitschrift erhalten, die, was auch immer Feministinnen gegen sie anführen, den Vorzug hat, posierenden Mädchen mehr Platz einzuräumen als posierenden Männern aus Politik, Wirtschaft, Kultur. Da hier Kameras laufen und ich kein Product Placement machen will, mag sich jeder selbst denken, von welchem Blatt ich spreche. Im Journalismus ist es wie im Sport. Hat man erst mit seiner Art zu boxen, Tore zu schießen, Asse zu schlagen, Konkurrenten abzuhängen oder eben zu schreiben, Erfolg, kommen schnell die lukrativen Angebote, und man wäre blöd, würde man aus Lokalpatriotismus weiter auf dem Dorfplatz bolzen oder für eine Mark zwanzig Zeilenlohn seinen Geist zu Markte tragen. Wie jeder gute Verkäufer seinen Kunden das aufschwatzt, was sie hören wollen, war es mir ein Vergnügen, meiner Reportage das Thema ›Tourismus und Weltuntergang‹ zu geben. Und es wäre auch beinahe alles wie am Schnürchen gelaufen. Ich zog jede Nacht mit meinem Fotografen, mit dem ich schon bei anderen Aufträgen gut zusammengearbeitet hatte, durch die Bars, Nachtclubs, Discos, Spielkasinos, Konzerte und fand auf Schritt und Tritt meine Hypothese bestätigt, daß die ›doofen‹ Touristen, die tags in kurzen Hosen, mit Kameras und faschingsähnlichen Sonnenhüten schwitzend, kaufend, gaffend die Boulevards, Boutiquen, Cafés heimsuchten, mit den Freaks der Nacht, ob sie nun kifften, koksten oder soffen, ob sie cool herumstanden oder wie Geisteskranke tanzten, nicht nur das Geldausgeben gemeinsam hatten. Ihr werdet's vielleicht nicht glauben, ich hab's aber gesehen: Die provinziellen Tagesbummler und die mondänen Nachtschwärmer, sie waren größtenteils identisch. Da war zum Beispiel ein Mann – ihr müßt jetzt keine Angst haben; meine Story ist zwar nicht wie ein Rinnsal überschaubar, auch nicht begrenzt wie ein Kanal, doch selbst wenn sie manchmal macht, was sie will und ausufert, ist sie nicht uferlos –, ein Mann also, in meinem Alter, der jeden Nachmittag zur gleichen Zeit im gleichen Café ein oder zwei Stunden totschlug, wie nur Urlauber es fertigbringen. Mal hackte er auf seinem Gameboy herum, mal schrieb er einen Schub Postkarten, las in einer deutschen Tageszeitung mit mohrrübendicken Schlagzeilen, beschäftigte sich – zu lange für einen halbwegs intelligenten Menschen – mit dem Minikreuzworträtsel darin, oder faltete seinen Stadtplan auseinander und blätterte parallel im Reiseführer, rückte, wenn die Erdrotation ihn in den Schatten zu bringen drohte, solange mit seinem Stuhl um den Tisch, bis seine rotverbrannten bleichen Oberschenkel wieder von der Sonne beschienen wurden. Die Sonnenmilch, mit der er sich alle Viertelstunde einrieb, stand stets griffbereit neben der Zuckerdose auf dem Tisch, und es war für mich nur noch eine Frage der Zeit, bis er sie sich irgendwann, wenn sein Hirn durchgeschmort war, in den Kaffee spritzte. Ich hab's leider nicht erlebt, wahrscheinlich schützte ihn sein topfähnlicher Hut, auf dem in allen gängigen Weltsprachen kreuz und quer gedruckt war: »Ich liebe Barcelona.« Ein Hut wie ein Warnsignal, der manche wach aussehenden Leute urplötzlich ihren Schritt beschleunigen ließ, mir schien es jedenfalls so, aber dafür ganze Banden bettelnder Kinder magnetisch anzog. Ebensowenig wie die Kellner, die sein Null-Komma-Eins-Prozent-Trinkgeld, ein paar Pesetas, auf dem Tisch liegenließen, hatten die Kinder Freude an ihm; ein dünnes Mädchen, das den kleinen Kaffeekeks von seiner Untertasse wollte, packte er ziemlich grob am Arm und stieß es weg. Lebensart, Freundlichkeit, nichts davon, und es gibt ein Phänomen, das unfaßbarer ist als ein Klischee, und das ist ein lebendes Klischee. Diesen vom Verhalten mir unsympathischen Menschen, mit Gesichtszügen, die ich als markant-langweilig bezeichnen würde – damit meine ich Gesichter, die ein bißchen aussehen wie Mittelklassewagen nach der Sonntagswäsche: sauber, ohne besondere Kennzeichen, mit einem Schnurrbart, der ähnlich wirkt wie ein Auto mit Heckspoiler und Rallyestreifen im Stau: irgendwie überflüssig –, ihn traf ich nachts in einem Tanzschuppen wieder, wo sich das junge, schöne, sexy Barcelona drängelte. Also junge Leute ohne sichtbare körperliche Deformationen, die Kleingeld und Langeweile genug haben, und wo die Türsteher in dem Ruf standen, selbst den Besitzer nicht reinzulassen, wenn ihnen sein After Shave, Anzug, seine Begleitung nicht paßten. Letzteres war natürlich ein PR-Trick des Besitzers, aber egal, es war auf jeden Fall ein In-Laden, wo allein der Verdacht, den Weg dorthin mit dem Stadtplan gefunden zu haben, einem Eintrittsverbot gleichkam. Das Gesicht meines *I love Barcelona – Yo amo Barcelona – Ja ljublju Barcelona*-Freundes war das gleiche wie am Tage, doch hatte er sich von einem mürrischen Pauschaltouristen in einen Keep-Smiling-Edelyuppie verwandelt. Keine Zauberei, eher ein natürlicher Übergang, erreicht durch einfachen Wechsel der Kleidung und die Gesellschaft von zwei hübschen Frauen. Aber nicht die Tatsache stach mir ins Auge, daß sowohl der Designer-Seidenblazer als auch die beiden Frauen extra und für den Zweck gekauft waren, auszugehen. Beim Blazer war der nur käufliche Aspekt klar. Ich meine, es gibt Leute, die tragen schöne Sachen, weil sie sich in ihnen wohl fühlen und andere, die tragen sie, weil es sich an manchen Orten gehört, schick, grell und teuer auszusehen, um nicht aufzufallen. Und daß jemand, der tags in kurzen Hosen mit Bügelfalte rumläuft, zu den letzteren gehört, zu denen, die Konvention für Geschmack halten, ist für mich ein Axiom. Daß die beiden Frauen, die dekorativ links und rechts an ihm klebten, auch in erster Linie gekauft, mit Geld und nicht mit dem Herzen gewählt waren, war zwar nicht so leicht zu erkennen, doch kannte ich sie aus dem Club, wo sie nicht nur anschaffen gingen, sondern sich darauf spezialisiert hatten, Touristen als gemietete Freundinnen auf Zeit durch das Nachtleben zu führen. Aber dieses ganze käufliche Leben, das manche Puristen vielleicht die Nase über diesen Mann rümpfen läßt, fand ich, wie gesagt, eher unerheblich. Viel faszinierender, beunruhigender, allerdings auch meine Ansichten bestätigend, war für mich, daß dieser Mann, für mich der Prototyp eines Spießers, in diesem Laden, der als ausgeflippt, wild, sexy, anarchistisch-dekadent galt, als die Nummer Eins des Barceloneser Nachtlebens, daß dieser Mensch dort überhaupt nicht auffiel. Wenn ein echter Esel unter Panthern sich in keinster Weise von Panthern unterscheidet, – dann würde mir nach einem Moment des Stutzens nichts anderes übrigbleiben als die traurige, weil wieder das Aussterben einer Art signalisierende Tatsache zu akzeptieren: Die Panther müssen Esel sein.

Mit solchen Beobachtungen, Überlegungen, Ideen, illustriert durch sehr schöne, weil sehr häßlich porträtierende Fotos meines Fotografen, beschäftigte ich mich, eine Routinearbeit, ohne große Leidenschaft, wie mir überhaupt Leidenschaften, innere Erregungen fremd geworden waren. Genußsüchtig, das war ich schon, aber tief innendrin ohne Anteilnahme. Leute, die Champagner lieben, trinken ihn zur Not auch mal lauwarm, jemand, der eine Frau liebt, nimmt sie auch in den Arm, wenn sie einen Hautausschlag hat, und Leute, die mit Leib und Seele Journalisten sind, lieben nicht nur ihre Artikel, respektieren nicht nur das Wort, sondern auch ein bißchen, wenigstens ein bißchen die Ereignisse und Menschen, die ihnen den Text erst ermöglichen. Bei mir war das alles anders, ich genoß alles, liebte nichts. Lauwarmen Champagner schüttete ich weg, Frauen, die Pickel hatten, mied ich, falls ich sie – die Frauen natürlich, nicht die Pickel –, nicht beruflich nutzen oder brauchen konnte, und Ereignisse und Menschen fand ich nur soweit interessant, als daß ich aus ihnen guthonorierte und -geschriebene Artikel machen konnte. Ich war im Grunde so, wie viele Leute sein möchten, hedonistisch bis ins Mark, aber es sich nicht leisten können oder sich nicht trauen. Ich konnte es mir leisten. Was keine Geldfrage ist, reich war ich nicht, bin ich nicht, es ist eher eine mentale Einstellung. Aber möge meine mentale Einstellung in Frieden ruhen. Diese toten Knochen sind ein paar Substantive, zu denen ihr euch euren Teil denken könnt, ich will's jetzt nicht weiter ausführen: Gleichgültigkeit, Genuß, Grausamkeit, – ich war einfach ein intelligentes Arschloch. Einer von der Sorte, die Mädchen entjungfern, weil sie gerade nichts besseres vorhaben. Später vielleicht, falls unsere Unterhaltungen versaute Pfade einschlagen sollten, und falls ihr meine Art zu reden dann noch ertragen könnt, mehr davon.

Daß ich von mir erzähle, eine ganze Menge eigentlich, kommt übrigens nicht aus einer egomanischen Veranlagung. Doch hat die Begebenheit, auf die ich hinerzähle, und an der ich als Zeuge beteiligt war, eine für mich sensationelle Besonderheit: Sie hat in meinem abgestumpften, nur noch spöttisch teilnehmenden Innenleben Spuren hinterlassen, und wie könnte ich dies euch anders anschaulich machen, als, und nicht zu knapp, auch von mir zu sprechen!?

Es war ein Abend vor zwei Wochen, ich befand mich auf dem Veranstaltungsgelände des World Music Festivals, einer rundum umzäunten Parkanlage mitten in Barcelona. Ich ließ mich eine Weile wahllos treiben, hatte afrikanische Männer gesehen und gehört, die auf einem Podest im Freien heftig trommelten und tanzten, viel glänzende Haut zeigten, besonders die weißen Frauen wippten angetörnt mit, das konnte ich noch verstehen, aber daß sie, die Männer, Schamanen sein sollten, die sich ins Mysterium der Sinne hineintanzten, nur weil sie sich schnell und laut verausgabten, dabei eine gute Kondition bewiesen, – sah ich nicht, fühlte ich nicht, diese kalkulierten Ekstasen schienen mir überhaupt mehr für Fitneßcenter zu werben als für fremde Kulturen.

Mein Presseausweis auf der Brust wurde mir lästiger und lästiger, ich war mit mir selbst beschäftigt, mein Blick ging nach innen, ich hatte keinen Sinn dafür, meine Arbeit zu tun und Leute zu beobachten, die mir doch ganz gleichgültig waren. Ich war angeschlagen von dem Tag, kleine, seltsam unangenehme Erlebnisse, die sich seit dem Vormittag summiert hatten.

Gleich nach dem Aufstehen, auf dem Weg zum Café auf den Ramblas, wo ich immer frühstückte, wollte ich in einer kleinen Drogerie Rasierklingen kaufen. Kaum war ich zur Tür hinein, knurrte mich vor dem Verkaufstresen zähnefletschend ein zum Sprung geduckter Schäferhund an, als hätte ein Raubmörder, das war tatsächlich mein erster Gedanke, gerade den Ladenbesitzer erschlagen. Wahrscheinlich war sein Herrchen oder Frauchen in Wirklichkeit auf der Toilette oder kurz irgendeine Besorgung machen, und er erfüllte als braver Wachhund nur optimal seine Aufgabe, in der Zwischenzeit aufzupassen und im Zweifelsfall eher neue Kunden zu vergraulen als Dieben eine Chance zu geben. Aber verschlafen wie ich noch war, auf nüchternen Magen, durchfuhr mein noch nicht auf hündischen Alltag eingestelltes Gemüt ein Horror; statt in den bleckenden Zähnen, den nach hinten liegenden Ohren, dem Knurren ein überzeugendes artgerechtes Spektakel zu sehen, versetzten die Drohgebärden dieses Viechs mich urplötzlich in eine alptraumähnliche Lähmung – mein Herz stand fast still, für einen Moment –, als würde mich nicht schlimmstenfalls ein Hund anfallen, sondern aus dem heiteren Himmel Barcelonas namenlos Böses, Leeres, Grausames, Sinnloses, auf jeden Fall etwas vernichtend Mächtigeres als ich, was vielleicht gar nicht so sinnlos sein mußte. Ich machte auf der Schwelle kehrt, über mehrere Häuserzüge verfolgte mich noch sein Bellen, und es klang so wie: ›Ja, du bist gemeint, davonlaufen nützt dir auch nichts‹.

Es war ziemlich schauerlich, dieser Hund gab mir auf eine vage, aber starke Weise das Gefühl, daß mit meinem Leben etwas nicht in Ordnung war, etwas, das getötet gehört. Beim Frühstück im Café ging's dann gleich unangenehm weiter. Ich wollte meinen Schnürsenkel zuknoten, doch als ich mich bückte, erhielt mein Auge einen Schlag, intensiv wie ein Faustschlag, ein kurzer Blackout, für einen Augenblick alles Schwarz in Schwarz, der Schmerz selbst wie ein tiefer, plötzlicher Nadelstich. War die Begegnung mit dem Hund, dem Haustier, ein psychischer Schock, dann erlebte ich jetzt ein körperlichen. Passiert war auch diesmal nichts Dramatisches, ein Windstoß hatte einfach nur eine Seite meines Terminkalenders, den ich aufgeschlagen auf den Knien liegen hatte, hochgewirbelt und die Papierecke traf mein Auge genau mit der Spitze. Es war ein übler Schmerz.

Daß Papier nicht nur geduldig ist, sondern auch als reines Material Menschen gefährlich sein kann, hat mich übrigens mal ziemlich frappiert. In irgendeiner Lokalnotiz, beruhend auf einem Polizeiprotokoll, wurde von einem Soziologiestudenten berichtet, der mit seiner Diplomarbeit nicht weiterkam und sich die Pulsader mit einer Manuskriptseite aufschnitt; längs vom Handgelenk hoch zum Ellenbogen.

Jetzt schweife ich wirklich ab.

Während ich mir im Café noch das Auge zuhielt, entdeckte ich mit dem anderen, unverletzten, unter den Leuten auf der Straße eine alte, agile Frau, ich erkannte sie wieder. – Die in meiner Erinnerung haftenden Erlebnisse gingen an diesem Tag ineinander über, für mich außergewöhnlich, normalerweise haben meine Tage in der Rückschau Lücken wie manche wenig beeindruckende Lebensläufe. Auch sie hatte mich erkannt, sie blieb vor mir stehen. Eigentlich erstaunlich nach fünf Jahren, ich war nur einer von hunderten, wenn nicht tausenden ihrer Kunden gewesen, denen sie Tarotkarten gelegt oder aus der Hand gelesen und manchmal gegen einen kleinen Aufpreis Steinchen verkauft hatte, welche Glück, Schutz und Heilung bringen sollten. »Der Flötenspieler«, begrüßte sie mich. Neben meiner Freundin war ich zu jener Zeit immer mit einer Querflöte zugange gewesen, ich spielte damit so vor mich hin, beiläufig, wie andere rauchen oder Kaugummi kauen.

Es war dieselbe Zigeunerin – ein kompromißloses Rabengesicht, Nase, Wangen und Mund in der Länge betont wie von Giacometti modelliert, dunkler Teint, von einem dichten Spinnennetz aus Falten durchzogen, tiefliegende Augen –, die damals aus den paar Linien meiner gutdurchbluteten Hand einen kleinen realistischen Roman gemacht hatte, unter anderem, daß ich noch in Barcelona eine Trennung erleben würde. Im Beisein meiner Freundin, die neben mir gestanden und das Gehabe der alten Frau beobachtet hatte; ein plötzliches Sich-Bekreuzigen, ein intensives Die-Augen-Schließen, begleitet von einem nüchternen Zigarette-Rauchen, und obwohl mein ehemaliges Herzblatt kein Wort der ohne Punkt und Komma wie ein Gebirgsbach dahineilenden spanischen Sprache der Alten verstand, war sie fasziniert von der Energie. Stunden später trennte sie sich tatsächlich von mir – natürlich nicht wegen der Prophezeiung der Alten, sie hatte einfach genug von mir, meine große Liebe –, weitere paar Stunden später vergewaltigte ich sie, und seitdem, also seit fünf Jahren, lebte ich ohne das, was religiöse Menschen Seele nennen.

Als ich jetzt der alten Frau erneut begegnete, schlug die Erinnerung an ein anderes Leben, das mal meines gewesen war, bei mir ein, eines mit Warmherzigkeit, Anteilnahme, Leidenschaft. Klingt ein bißchen schmalzig, kann's jetzt aber nicht besser ausdrücken. Kennt ihr das, wenn Vergangenheit die Gegenwart überblendet und wie im Traum die seltsamsten Bilder vor dem inneren Auge herumtanzen?! Ich hatte an diesem hellichten Tag, als die professionelle Wahrsagerin in einem sauberen Sommerkleid vor mir stand, eine grauenhafte Selbstvision; ich sah Maden in meinen Achselhöhlen und Kniekehlen wimmeln, meine Zähne ausgefallen in meinem Mund klackern wie Murmeln, Schlangen sich in mein Herz verbeißen und meine ganze Haut violett und grau werden.

Ehe die alte Frau wieder ihrer Wege ging, ließ sie noch die Bemerkung fallen, daß sie glaubte, meine ehemalige Freundin gestern in der Menschenmenge auf den Ramblas gesehen zu haben. Konnte ich früher lachen, daß mir der Bauch wackelte, – eine Eigenschaft, die mir abhanden gekommen war – so fingen mir bei diesen Worten der Alten die Hände an zu zittern, als sei ich ein krankes Nervenbündel.

Daß ich euch nicht im Detail berichte, wie ich meine Freundin vergewaltigte oder wie mein früheres Leben, das zärtlichere, leidenschaftlichere aussah, müßt ihr nicht als Tribut an die Kürze der Zeit, sondern könnt ihr als Kompliment auffassen. Mein sympathischer Eindruck von euch ist vielleicht dadurch gefärbt, daß ihr bisher so geduldige, aufmerksame Zuhörer wart, – ich habe noch niemanden ungeduldig auf dem Sofa rumrutschen sehen, nicht gähnen, oder was sonst die Zeichen für Langeweile sein mögen. Und ich kann mir einfach nicht vorstellen, daß ihr zu den unerfahrenen Leuten gehört, denen Dinge wie Vergewaltigung oder Zärtlichkeit erst konkret ausgemalt werden müssen, bevor sie die ganz einfache Bedeutung dieser Wörter kapieren.

Nun ja, am selben Abend also, auf dem Konzertgelände, war ich wie gesagt und wie ihr jetzt vielleicht besser versteht, ziemlich angeschlagen von dem Tag. Ein paar kleine Erlebnisse, hintereinander weg und gut dosiert, hatten ausgereicht, daß sie mir jetzt ganz und gar öde vorkam, richtig lächerlich und mich befremdete, meine sophisticated MedienChampagnerWeiberGroßewelt.

Was für ein langes Wort, aber meine Depression war auch sehr umfassend. Irgend etwas lief schief mit meinem Leben, zwar wußte ich nicht genau, ob nur in meiner Einbildung oder in Wirklichkeit. Aber das war mir egal, als ziemlich eingebildeter Mensch nahm ich natürlich auch meine Einbildungen besonders ernst.

Ich war mein Rumstromern leid geworden, mochte sie alle nicht mehr hören und sehen: die Verkaufsbuden mit Falafel nach original ägyptischen Rezept, die grellbunten Batiktücher aus Mexiko, die Klänge, die von Virtuosen der Panflöte, der Sitar, indianischen Klagegesanges um zwanzig Uhr fünfzehn westeuropäischer Zeit in den verschiedenen Zelten und mobilen Riesencontainern, welche als Säle dienten, produziert wurden. Mir war's, als sei ich auf einem kulturellen Sklavenmarkt, oder in einer Art Zoo, wo statt Tieren zur Unterhaltung des Abendlandes exotische Musik und Tanz hinter Gittern gehalten wurden. Ich sah Gitter, wo andere keine sahen, unsichtbare Gitter, und wäre nicht das Ereignis eingetreten, an das ich mich Wort für Wort heranpirsche, müßte ich für euch eigentlich als Schwätzer gelten, der gedankenlos vergleicht, was nicht zu vergleichen ist oder schlimmer noch, würde ich es ernst mit den Gittern meinen, den unsichtbaren, die keiner sah, nur ich, denn es waren geistige, ja, dann wäre ich wohl reif für die Klapsmühle. Aber mein Eindruck, meine Intuition, daß der Musik auf dieser Veranstaltung, die angeblich – den Plakaten, Prospekten, Zeitungen nach – der Musik der Welt gewidmet war, genausowenig echter Raum gewährt wurde wie der Natur im Zoo, wo eine Löwenfamilie auf zwanzig Quadratmetern, was selbst einer Hauskatze nicht guttun würde, dahinleben muß, bewahrheitete sich bald darauf, ungefähr eine Viertelstunde später.

Ich hatte mich zu einem vereinzelten Baum auf einer Wiese gesellt und zugeschaut – was heißt »zugeschaut« – miterlebt ist das bessere Wort, mir wurde einer der einfachsten Vorgänge der Erde mein eigenes Spiegelbild –, hatte miterlebt als sei ich es selbst, dem das geschah, wie aus der beginnenden Dämmerung ringsum Dunkelheit wurde, aus Tag Nacht, wie sich mehr oder weniger bunt angezogene, körperliche Menschen dort, wo die Laternen mit ihrem Licht nicht mehr hinreichten, in undeutliche Schatten auflösten. Ich, den die wüstesten Geschichten nicht mehr zum Staunen brachten, sah für einen Moment wieder mit meinen Kinderaugen, denen Nacht nicht Teil des Tagesablaufes gewesen war, sondern Auslöschung der vertrauten Welt, voll bedrohlicher Unschärfe, die eine harmlose Zimmerpalme in ein sensenschwingendes Skelett verwandeln konnte. Diese Unschärfe meiner Umgebung war ich selbst gewesen, und so war es in Barcelona wieder, eine Mischung aus Angst und Staunen, hellwach und unerfahren zugleich. Lange hielt sich dieses Kindergefühl nicht, es war eine zu simple Melodie – ganz wie: »Hänschen Klein, ging allein, in die weite Welt hinein« –, um mich ganz und gar zu fesseln. Aber daß ich sie mir für einen Moment vorgepfiffen hatte, ließ eine Bescheidenheit zurück, eine Leichtigkeit im Körper, die sich bis zu meinen Haarspitzen ausbreitete. Der Wind spielte mit meinen Haaren, als seien es Blätter von einem Baum, alte Zeitungen auf der Straße, Grashalme, nichts Unantastbares jedenfalls, und ich sagte mir im Geist diesen Satz auf: ›Wer war ich denn schon!?‹

Mit dieser ungewohnten Demut im Blut überließ ich mich wieder äußeren Eindrücken. In meinem Blickfeld, gute hundert Meter entfernt, lag hell erleuchtet eine kleine Freiluftbühne, die erst durch einen flachen Wassergraben, dann durch hüfthohe Stahlbarrieren – wie sie die Polizei bei Absperrungen verwendet – vom Publikum getrennt war. Hinter der Absperrung standen einige uniformierte Männer vom privaten Wachschutz; der nicht nur als Ordnerdienst engagiert worden war, sondern zusätzlich der Aufgabe nachkam, für die Sicherheit des zahlenden Publikums zu sorgen. Gerade auf Massenveranstaltungen nahm die Zahl von gewalttätigen Raubüberfällen in letzter Zeit stetig zu. Weniger Beschaffungskriminalität von Drogenabhängigen als organisierte Banden, die ihre lukrativ aussehenden Opfer umringten, in der Masse fiel das nicht weiter auf, und, wenn der Überraschungsmoment und das Umklammern nicht ausreichten, auch zuschlugen oder, mit steigender

Tendenz, zustachen. Insofern war die Präsenz der mit Pistolen bewaffneten Uniformierten eine nachvollziehbare Vorsichtsmaßnahme der Veranstalter.

Die Bühne mit der gewölbten, steil zum Himmel strebenden Überdachung, dem sich vorne deutlich verbreiternden Grundriß, mit ihrem gerundeten Schnitt und Schwung, sah ein bißchen aus wie eine geöffnete Auster. Die Perle im Rampenlicht war heute eine Sängerin indisch-englischer Abstammung, auf deren Auftritt eine immer größer werdende Menschenmenge wartete. Im Augenblick kehrte sie dem Publikum den Rücken zu, noch mit dem letzten Soundcheck beschäftigt. In der Programmzeitung des Festivals, in der Barceloneser Presse war sie mit Fotos vorgestellt worden, die stets zwei Aspekte kombinierten: Blickfang waren große poetische Augen, dann erst, als selbstverständliche Beigabe wirkend und nicht als Hauptsache wie sonst oft in der Popmusik, zeichneten sich unter einem fließend fallenden, nicht eng sitzenden Gewand, Busen, Taille, Hüfte, Beine ab. Dieses optische Image von natürlicher statt zur Schau gestellter Sinnlichkeit mochte knallhart kalkuliert sein, aber was die Erwartungen hochschraubte, waren die Berichte darüber, daß sie mit Seele und mit Können sang, daß nicht nur ihr Herz voll war, sondern auch ihre Stimme.

Der gute Ruf, der ihr vorausgeeilt war, hatte auch das Fernsehen angelockt. Unübersehbar hockte links vorne auf der Bühne ein Mann im Führersitz eines hochmodernen Filmkrans, von wo er, mit Blick auf den Kontrollmonitor vor seiner Nase, die Bewegungen der Kamera fernsteuerte, die an der Spitze eines mehrgliedrigen Auslegers angebracht war. Im Augenblick ließ er die Kamera, einem plumpen technoiden unschönen Insekt ähnlich, bis auf einen halben Meter zur Schläfe von Susan Schahktar, der Sängerin, herabschweben, die zum Publikum getreten war und ihre Band, dann sich selbst unter großem Beifall vorstellte. Um bessere Sicht zu haben, kletterte ich auf den ersten dicken Ast des Baumes, an dem ich saß, und machte es mir, mit dem Rücken gegen den Stamm, halbwegs bequem.

Wie sie die Ghazals, traditionelle indische Liebeslieder, vortrug, instrumental begleitet von Tablas, Keyboard und Baß, erzeugte von Anfang an eine erstaunliche Wirkung unter den Leuten. Obwohl kaum einer der Zuhörer irgendein Wort ihres Gesanges verstanden haben dürfte, verstummten die Gespräche, das Lachen, die Zurufe in der Menge abrupt. Welcher Funke da auch immer von der Bühne rübersprang, es war nichts zum Mitgröhlen oder Mitstampfen, es war etwas sehr Feines, Mächtiges, das Publikum war übergangslos in einen Zustand introvertierter Begeisterung geraten. Selbst mir ging das Herz über, ein Gefühl irgendwo zwischen Andacht und Zuneigung, ganz seltsam. Weil die Show, die sie bot, von spartanischer Einfachheit war – sie wiegte sich ein bißchen hin und her wie eine Birke im Wind, schlug ab und an eine Triangel –, lenkte kein optischer Tand von ihrer Stimme ab. Aus dieser Stimme klang eine, in tausend Gesangsstunden nicht erlernbare, authentische Kraft, die auch im ersten Schrei eines Neugeborenen, im Todesröcheln, im Liebesgestöhn, in echter Wut, in echter Freude, in echtem Schmerz auflebt und die von den meisten Menschen instinktiv verstanden wird. Daß Schahktar lange Töne mühelos halten, die Oktaven hoch und runter jagen konnte, daß ihre Stimme professionell ausgebildet war und einen von Natur samtigen, reinen Wohlklang besaß, diese Elemente mochten die technischen Voraussetzungen für ihre hypnotische Wirkung sein, erklärten sie aber nicht. Mit Virtuosität allein hätte sie sich vielleicht Respekt verschaffen können, aber niemals wäre das passiert, was gleich passieren sollte.

So wie man die Vertreter der Medien ihre Arbeit tun läßt, wenn es sie denn interessiert und sie eine bestimmte Grenze nicht überschreiten, also solange sie bei einem Begräbnis nicht in den Sarg oder nach der Trauung nicht mit ins Hochzeitsbett kriechen, solange ihr Informationsbedürfnis einen letzten Rest von Würde und Intimität respektiert, so hatte auch das Publikum, das eine Art Paarung, Hochzeit mit der Gestalt im Rampenlicht und der Musik vollzog, bisher die auf der Bühne herumkreisende Kamera geduldet oder ignoriert. Der Kameramann jedoch, gefangen in der Bedienung der Technik, mit der visuellen Dokumentation und nicht mit dem Erleben des Konzerts beschäftigt, in einem gewissen Sinn mit Taubheit geschlagen, überschritt, ohne es zu merken, diese Grenze. Ganz im Sinne der Fernsehzuschauer steuerte er die Kamera immer hemmungsloser frontal vor Schahktars Gesicht, was wahrscheinlich sehr lebendige Nahaufnahmen ergab, aber mir und den anderen lebendig Anwesenden ein groteskes Bild von Schahktar übrigließ: Statt ihres Kopfes sahen wir die Rückseite der Kamera, wir sahen nur noch den Arsch des Mediums, und der war nicht besonders faszinierend.

Doch war er sehr aussagekräftig und effektiv; die einfache und rohe Botschaft an die wirklich anwesenden und teilnehmenden Leute, daß sie bei Bedarf Kulisse waren, auf die keine besondere Rücksicht genommen werden mußte, machte den Swing und Soul zwischen Schahktar und dem Publikum zunichte. Ein brutaler Koitus interruptus fürs Gefühl. Denn das Auge ißt nicht nur, sondern hört auch mit, wie überhaupt Empfindungen, die ein bißchen mehr unter die Haut gehen, von allen Sinnen wahrgenommen werden.

Die wütenden Pfiffe und Buhrufe einzelner ließen den für das Fernsehen arbeitenden Mann – für ein potentielles Millionenpublikum und nicht für die vielleicht tausend Leute vor der Bühne – unbeeindruckt. Wie eine hungrige Wespe bedrängte die Kamera in elliptischen Bahnen Schahktars Körper, die weitersang, allerdings in den seltenen Momenten, wo ihr Gesicht unverdeckt blieb, ein irritiertes Lächeln zeigte.

Der klare Schrei eines Mannes: »fuera el camera!« – auf deutsch: »weg mit der Kamera!« – löste eine Kettenreaktion aus, die nicht länger als eine halbe Minute andauerte und die ich von meinem Baum aus, im ersten Schreck wäre ich fast vom Ast gefallen, ganz gut beobachten konnte. Dieses ›fuera el camera!‹ pflanzte sich augenblicklich in der Menge fort, wurde in kurzen Intervallen und mit der drohenden Lautstärke von Donnerschlägen im Chor skandiert. Aufgeputscht durch verständlichen Zorn und vor allem durch den schon rein klanglich perfekten Massenschlachtruf »fuera el camera! – fuera el camera! – fuera el camera!« (mit Binnenreim und rauh und grollend rollendem spanischem »R«), versuchten ein paar Zuschauer, die Bühne zu stürmen. Es ging alles rasend schnell. Die Ordner vom privaten Wachschutz prügelten rücksichtslos jeden nieder, der Anstalten machte, über die Absperrung zu steigen. Schahktar ließ ihre Hand mit dem Mikrofon sinken, Tablas, Keyboard und Baß verstummten. Was sich genau an der Absperrung abspielte, konnte ich nicht verfolgen, aber daß die Leute, die wahrscheinlich das Blut aus dem Mund ihres Nächsten fließen sahen, jetzt nicht einzeln, sondern als Welle über die Absperrung kletterten, scheint mir im nachhinein nur natürlich. In diesen Tumult, von hinten kamen immer noch die »fuera el camera«-Rufe, sah ich Mündungsfeuer aufblitzen und hörte das Krachen der Schüsse. Die fünf Männer vom Wachschutz, im Nahkampf dieser Masse von Leuten nicht gewachsen, schossen jetzt, ob in Panik oder in völlig wahnsinniger Berufsauffassung, in die Menge. Ich sah einen jungen Burschen kopfüber zusammenbrechen und bäuchlings und bewegungslos am obersten Stahlrohr der Barrikade hängenbleiben. Ich sah Schahktar in das Objektiv der Kamera spucken, die langsam von ihrem Gesicht zum Publikum wegschwenkte. Und ich hörte ein sausendes Geräusch dicht neben meinem Ohr. Wahrscheinlich eine Kugel, die einer der besonneneren Wachleute statt in, über die Köpfe der Menge geschossen hatte. Daß sie mich hätte treffen können, ließ mich ungefähr so unberührt als wäre ein Schneeball an mir vorbeigeflogen. Eine Tatsache, die mir jetzt, wo ich es erzähle, zeigt, daß ich, jedenfalls vor zwei Wochen noch, latent lebensmüde, akut fatalistisch war.

Schahktar führte das Mikro wieder vor ihren Mund. »Stop it, stop it now!« Keine Bitte, noch weniger ein Flehen, war ihr Ausruf ein schneidender Befehl, ohne jeden Samtklang. Für einen Moment herrschte Stille, nur das Aufstöhnen eines Verletzten war zu hören. Mit ihren Pistolen auf die Menge zielend, zogen sich die fünf Ordner, rückwärtslaufend durch den hüfttiefen Wassergraben, bis zur Bühne zurück. Schahktar sprang von der Rampe, watete in entgegengesetzter Richtung durch das Wasser und beugte sich über eine liegende Gestalt. Im Ungewissen darüber, was vorgefallen war – denn der simple Sachverhalt, daß ihre Kollegen ins Publikum geschossen hatten, um eine Fernsehkamera zu schützen, war eigentlich unvorstellbar, was Konzerte betraf, eine Weltpremiere –, bahnten sich von allen Seiten andere uniformierte Ordner, allerdings mit der Waffe in der Hand, einen Weg durch die Menge. Welche Platz machte, und für mich, der so einen Vorgang noch nie erlebt hatte, war es seltsam zu sehen, wie eine brodelnde Menschenmasse zu einer fast starren Ansammlung von Körpern einfror, nachdem die Wut einem ängstlichen Entsetzen gewichen war.

Meine Anteilnahme hielt sich noch in Grenzen. Sie galt mehr dem gesamten Geschehen als den einzelnen Personen. Gleichsam wie ein undichter Motor nicht unbedingt bei hoher Geschwindigkeit Öl verliert – die Kolbenbewegung schafft genügend ansaugenden Unterdruck im Motorraum und den Leitungen –, sondern erst bei niedrigen Drehzahlen oder wenn er abgestellt wird, so hatte Schahktars Gesang, solange er andauerte, meinen Zynismus verdrängt, aber der floß jetzt wieder aus mir heraus. Weil mir der ethische Standpunkt fehlte, weil ich für niemanden von Herzen Partei ergreifen konnte, sah ich keine guten oder bösen Menschen, auch keine Mischformen, sondern ich hatte den Eindruck, einer Inszenierung beizuwohnen, in der jeder, auf eine extreme Weise, seine Rolle erfüllte. Ästhetisch gesehen, ohne daß ich irgendein eigenes Interesse in die Waagschale werfen konnte, schienen mir alle Beteiligten gute Darsteller, voll und ganz bei ihrer Sache. Die bei keinem allerdings meine war. Der Kameramann wollte Bilder, um jeden Preis. Die bewaffneten Ordner wollten Ordnung, um jeden Preis. Das Publikum wollte Musik und unverstellte Aussicht, ein authentisches Erlebnis, um jeden Preis. Außer Schahktar, die anscheinend nicht um jeden Preis hatte weitersingen wollen, waren alle in ihren Rollen gefangen, je kompromißloser und ernsthafter sie sich aufführten, um so mehr. Aber was waren das schließlich für Rollen!? Ich, der nichts wollte, keinen Anspruch hatte, der außen vor war, konnte wohl eben deswegen leicht konstatieren, daß die Empörung der Menge nicht nur gerecht, sondern auch selbstgerecht gewesen war. Natürlich hatte die Kamera vor Schahktars Nase sie, und mich ja auch, um ein authentisches Erlebnis betrogen. Aber gab es ein Menschenrecht auf ein authentisches Erlebnis für ein paar Mark Eintritt? War das Einfordern eines authentischen Erlebnisses nicht anmaßend? War die Kamera vor Schahktars Nase am Ende nicht viel authentischer als alles andere? Warum hatte niemand darüber gelacht? Warum wurde aus der Begeisterung für Musik so schnell ein Geschrei gegen etwas?

Nicht, daß ich wegen solcher Fragen auf der Seite des Kameramanns stand. Denn warum hatte er nicht ein bißchen Rücksicht auf die Wünsche der Menge genommen? Was für ein blödsinniger Ehrgeiz trieb ihn dazu, sich und seine Kamera so in der Vordergrund zu stellen? Wem wollte er was beweisen? Warum hatte er nicht einfach aus dem Hintergrund dokumentiert? Wollte er nicht vielleicht einfach nur zeigen, daß er der Bedeutendste, Wichtigste auf dem Platz war? Und warum wollte er das? War seine Frau vielleicht nicht nett genug zu ihm? Und so weiter. Und die Ordner, warum hatte keiner von ihnen den Kameramann zur Ordnung gerufen, ehe sie in die Menge schossen? Warum hatten sie keine Hemmungen, auf Menschen zu schießen als seien es tollwütige Hunde? Warum hatten sie nicht zuerst ein paarmal in die Luft geballert? Warum waren sie nicht einfach zur Seite getreten, als das Publikum die Bühne stürmen wollte? Hatten sie Angst um ihren Job? Warum ist niemand von ihnen auf die Idee gekommen, statt auf ihresgleichen auf die Kamera zu schießen? Stellte die Kamera für sie etwas Heiliges dar? Ungefähr auf dieser Wellenlänge schwangen meine Gedanken und Empfindungen, doch Reste meines humanistischen Gewissens bewegten mich dazu, Schahktar nachzueifern, die die Bühne verlassen hatte, um den Verletzten zu helfen. Etwas später als sie, mehr aus vagem Pflichtgefühl als aus Überzeugung, aber immerhin, sprang ich von meinem Ast, rannte über das Stück Wiese und drängelte mich bis zur Absperrung durch.

Daß ich wirklich rannte, mag euch übertrieben erscheinen, weil ich ja von Beruf kein Notarzt mit einem Köfferchen in der Hand bin. Und als hysterischer Samariter habe ich mich bisher auch nicht eingeführt. Ich bin auch nicht als Journalist auf der Jagd nach News gerannt. Es war viel naiver. Ich hatte einmal bei einem Autounfall als zufällig vorbeikommender Passant Erste Hilfe geleistet, die eigentlich nur darin bestand, daß ich einem älteren Herren den blutenden Kopf mit meinem Hemd verband und beruhigend auf ihn einredete. Während die Menschentraube um die verbogenen und zersplitterten Autos nichts tat außer Schauen und Auf-Der-Stelle-Treten. Und seitdem bin ich der Überzeugung, daß keine Menschenmenge groß genug sein kann, als daß man sich nicht als einzelner irgendwie nützlich machen kann. Falls man diesen Drang überhaupt verspürt. Ich verspürte ihn offensichtlich, obwohl er mir ein bißchen wie ein Relikt aus Zeiten vorkommt, wo Leute, statt sich in Metropolen auf die Zehen zu treten, sich in Dörfern auf die Füße halfen. Deswegen rannte ich also, ohne Erregung, nüchtern wie ein Sanitäter, aber jedenfalls ziemlich schnell.

Meine Eile war unnötig, gebraucht wurde meine Hilfe nicht mehr. Konzertbesucher sind wohl doch nicht so unbeteiligt wie Passanten bei Verkehrsunfällen. In kleinen Grüppchen knieten Leute um Verletzte oder Schwerverletzte oder vielleicht Tote. Vor und hinter der Absperrung, wo die Schüsse sie hingestreckt hatten. Es sah schon auf den ersten Blick aus wie ein menschlicher Schlachthof. Im harten Licht der Scheinwerferbatterie unterhalb des Bühnendaches, die jetzt diesen neuen Schauplatz beleuchtete, waren offene Wunden, blutverschmierte Kleidung und Haut, von Schmerzen verzerrte, von Mitleiden erschöpfte Gesichter deutlich zu erkennen.

Einem hatte man eine Jacke über das Gesicht gelegt, doch konnte sie nicht die auf dem Kiesboden noch stellenweise öligrot schimmernde Lache um den Kopf verdecken. Von Weinkrämpfen geschüttelt, umarmte eine junge Frau den reglosen Körper, ihre Wange an den Bauch des Toten gedrückt. Ich wollte wieder gehen, meine Anwesenheit kam mir, weil sie überflüssig, nur beobachtend war, obszön vor. Der notwendige Biß, um das, was ich sah und gesehen hatte, für meine Story Tourismus und Weltuntergang zu verwenden, also meiner Arbeit nachzugehen und deswegen zwecks Recherche von Details an Ort und Stelle zu bleiben, fehlte mir inzwischen völlig.

Mein Fotograf hatte keine solchen Motivationsstörungen. Wir waren mittags so verblieben, daß wir uns im Laufe des Konzerts treffen würden und jetzt sah ich ihn zwischen dem Elend leichtfüßig herumhuschen und sehr dezent und professionell, das heißt, immer in Bewegung und teilweise aus dem Handgelenk heraus ein Foto nach dem anderen machen. Er kam auf mich zu, sein zusammengekniffener Mund, die Trauer in seinen Augen, der innerlich erschütterte Eindruck, der von ihm ausging, paßte so gar nicht zu der Sekunden vorher als Fotograf gezeigten Kaltblütigkeit. Als Fotograf emotionslos, als Mensch, nur einen Augenblick später, warmherzig. Kopfschüttelnd sagte er: »Wahnsinn, das ist völliger Wahnsinn!« – »Solange dir das Knipsen nicht vergeht, kann's ja so schlimm nicht sein«, antwortete ich. – »Was ist los mit dir, Ricky? Ein schlechter Fotograf, der nur aus Gutem Fotos macht.« Da war was dran, er war an diesem Abend ein besserer Profi als ich; ich war meiner Arbeit müde. – »Ich find's auch Wahnsinn. Aber so sehr, daß ich die Lust verliere. Das ist alles nicht meine Welt, fast schon langweilig wahnsinnig, was geht's mich eigentlich an, sollen sie gröhlen und sich erschießen, Hysterie statt Musik, warum soll ich noch drüber schreiben? – O Gott!«

Konnte mein fotografierender Freund sein Verhalten wechseln wie ein Chamäleon seine Farbe, so mutierte meine eben geäußerte Überzeugung, daß diese Welt nicht meine sei, in ihr völliges Gegenteil. Angesichts dessen, was ich jetzt sah, nachdem sich der Pulk von Leuten, die dicht an dicht vor mir gestanden und meinen Blick verstellt hatten, etwas auflöste.

Keine fünf Meter entfernt lag im Gras vor dem Wassergraben Liza – meine ehemalige Freundin, jene, die ich vorhin schon erwähnt habe –, den Kopf in Schahktars Schoß gebettet. Lizas kalkweißes Gesicht war dem Himmel zugewandt, um ihren Bauch ein provisorischer Verband, – ein von Schahktars Sari abgerissener Stoffstreifen, der in Höhe von Lizas Nabel durch zusätzlich untergeschobene breite Fetzen verstärkt wurde. Noch rings um Schahktars linke Hand, die auf dieser Stelle lag, dem Zentrum der Wunde, war der Verband mit Blut vollgesogen; mit ihrer rechten strich sie über Lizas Stirn. Vorsichtig und langsam, wie jemand, der sich auf Glatteis bewegt, näherte ich mich. Vor den beiden Frauen ging ich in die Hocke, Lizas Augen waren geschlossen, sie atmete flach. Schahktar, die mich beobachtete, legte einen Finger, zum Zeichen, daß ich schweigen sollte, auf ihre Lippen und drehte die Innenseite ihrer Hand, die auf Lizas Bauchverband lag, kurz zu mir; sie war blutverschmiert. Schahktar mußte in meinem Gesicht gelesen haben, daß Liza keine Fremde für mich war, denn es bestand sonst kein Anlaß, wäre eher ein übertriebenes Verhalten gewesen, jedem, der in die Nähe kam, diese wortlose Gestik zu widmen.

Ich unterdrückte meinen ersten Impuls, Liza zu berühren. Zwar war es fünf Jahre her, aber auch diese Zeitspanne änderte nichts daran, daß meine letzte Berührung ihres Körpers, ihres ganzen Wesens, eine Vergewaltigung gewesen war. Ich hatte kein Recht mehr, sie ungefragt zu berühren, um so weniger, weil sie sich wieder, wie damals, nicht dagegen hätte wehren können. So hockte ich nur reglos da, schaute Liza an, hörte am Lauterwerden des Sirenenheultons, daß der erste Krankenwagen gleich hier sein würde. Liza stöhnte leise und flüsterte: »Es tut so weh.« Sie öffnete jetzt die Augen, bewegte ein wenig den Kopf, ihr Blick tastete sehr verlangsamt die Umgebung ab und fiel auf mich.

»Du?!« Ihre Stimme war leise und ruhig, unwillkürlicher Ekel, wie ich ihn halb erwartete, halb befürchtete, schwang nicht mit, nur Verwunderung. Liza brachte tatsächlich ein schwaches, von Schmerzen etwas verzerrtes, doch sehr echtes Lächeln zustande, das ich ebenso schwach und unverlogen erwiderte, meiner vergangenen Schuld bewußt. Wenn mir je ein Lächeln viel wert gewesen war, dann ihres jetzt. Von dem Gefühl durchdrungen, daß sie mir verziehen hatte, wenigstens in diesem Moment, und vor allem mit der Gewißheit, daß es jetzt um ihr Leben ging und nicht um vergangene Verletzungen oder gar um meine gegenwärtige Gemütslage, überwand ich meine Scheu, und faßte ihre trotz des warmen Abends schon sehr kalte Hand; die sie mir nicht entzog.

Der Kies knirschte unter den Reifen, als der Krankenwagen mit inzwischen ausgeschalteter Sirene nicht weit hinter meinem Rücken abgebremst wurde. Die blinkende Rundumleuchte jagte blaue Schimmer über Lizas bleiches Gesicht. Sie schloß wieder die Augen und sagte, flüsternd, aber nach wie vor deutlich: »In der Musik haben wir immer noch den gleichen Geschmack.« Lizas Sinn für kaltschnäuzigen Galgenhumor hatte ich in den Jahren vergessen, daß sie ihn auch jetzt nicht verlor, gab mir die Erinnerung daran wieder, wie gerne ich sie gehabt hatte. Ich drückte als Antwort ihre Hand; Worte, die ich hätte sagen können, wollten mir nicht einfallen. Schahktar hatte währenddessen nicht aufgehört, Lizas Stirn zu streicheln.

Liza öffnete für einige Sekunden die Augen und sah mich an. Als sie ihre Lider wieder schloß, faßte ich eine unwiderrufliche Entscheidung, legte ein inneres Gelübde ab, das sich mir mit der Gewalt, Leuchtkraft, Plötzlichkeit eines echten Blitzes aufdrängte. ›Falls sie stirbt, mache ich Schluß mit meinem Beruf‹. Vor der Wahrheit ihres möglichen Todes hob sich das Falsche, Unechte meines professionellen Geschreibsels ab wie Nippes auf dem Gipfel des Himalaja. Ich sprach sie das erste Mal an: »Liza, du schaffst es, der Krankenwagen ist schon da.« Ich drückte wieder ihre Hand, eine mitfühlende, obwohl hilflose Geste, aber wenigstens ehrlicher als meine zwangsoptimistischen Worte. Sie atmete noch, reagierte aber nicht mehr auf mich. Ich trat zur Seite, die Sanitäter brauchten meinen Platz, um die Bahre neben Liza abzulegen.

Als die beiden Flügeltüren des Krankentransporters mit einem Krachen zugeschlagen wurden, die Sirene wieder aufheulte, der Wagen losfuhr, füllten sich das erste Mal seit fünf Jahren meine Augen mit Tränen. Jemand stand neben mir, es war Schahktar. Sie faßte meinen Arm und drückte ihn. »I'm so sorry«, sagte sie und ließ mich alleine.

Nachdem ich mir ein Taxi zum Krankenhaus genommen hatte, wartete ich dort, zusammen mit Lizas Mann, der im Hotel benachrichtigt worden war und nur wenig später als ich eintraf, auf den Ausgang der Operation. Wir hatten wenig Worte miteinander gewechselt, nach Reden war keinem von uns zumute. Er war in meinem Alter, auf den Knöpfen seines rostroten Anzugs stand der Markenname eines Herrenausstatters für gehobenere Ansprüche, – viel mehr, als daß er kein

Hungerleider war und wohl nicht nur pro forma Lizas Ehemann, kann ich nicht über ihn sagen. Während wir warteten, rauchte er eine Zigarette nach der anderen, und lief ununterbrochen den Gang auf und ab. Mitgenommen waren wir beide, er hypernervös, ich dagegen versank in einer apathischen Ruhe, wurde Teil der abgewetzten Holzbank, auf der ich saß. Es war gegen ein Uhr morgens, als der Chirurg aus dem Vorraum des OP's kam und zu ihm, dem Ehemann, sagte, daß Liza gestorben sei.

Damit bin ich am Ende meiner Geschichte, der ihr, so hoffe ich, euer Ohr nicht nur aus Höflichkeit geliehen habt.«

*Joy Markert & Sybille Nägele*

# *Rosenstrauß und Müllcontainer*

Vom Träumen hab' ich nichts. Ich falle immer wieder auf schöne Anfänge rein, die dann doch zu Alpträumen ausarten. Im duftigen Abendkleid, jung, auf der luftigen Terrasse, puste ich Seifenblasen, die mir plötzlich als riesige Medizinbälle auf den Kopf fallen. Jedesmal schwöre ich mir: Jolande, das nächste Mal wachst du rechtzeitig auf! Ein Hund verfolgt mich, ich erhebe mich einfach drei Meter über den Boden und warte, bis der Hund aufgibt, dann schwebe ich vergnügt wieder herab. Nicht, daß ich keine Tricks wüßte. Aber nein, ich rannte schon wieder hinter einem Bus her, in den ein Ungetreuer eingestiegen war, den ich beschatten sollte. Aber da mag ich meine Tricks nicht mehr, ich hasse es längst, all diese Beschattungen. Und Scheidungen. Ich habe noch von meiner eigenen genug. Ich wollte endlich aus diesem Traum heraus. Ich fing an, mit den Armen zu rudern, und der Schädel wollte platzen, eine überreife Melone.

Und während Bus und Mann um die Ecke verschwanden, stieß ich mir den Kopf am Schrank und wachte endlich auf. Ich roch meine Schnapsfahne, die so penetrant war, daß eine Mülltonne errötet wäre. Ich mochte mich gar nicht, aber wenigstens war ich wach. Da lag ich auf dem Kanapee und sah, verschwommen, Fränzl am Fenster stehen. Franziska, meine Nichte. Sicher hatte sie mich mitleidig betrachtet. Sie kann so einen Blick kriegen wie ein Briefmarkensammler, wenn er versehentlich die Albumseite mit den ganz wertlosen Marken aufschlägt.

»Fränzl«, sagte ich mit dick belegter Stimme, »was tust du so früh im Büro?«

Sie starrte aus dem Fenster, am Rollo, das sie mit Daumen und Zeigefinger spaltbreit geöffnet hatte. Meistens ist sie frühmorgens schon auf Achse, vor allem, wenn sie wieder mal dabei ist, ›so'n Fall für die Miete‹ zu erledigen: einen Gatten beschatten. Sie ist längst mit ihren Vorbereitungen fertig und schon unterwegs und zur Stelle, bevor ein ungetreuer Gemahl das Haus verläßt, in das er nicht hineingehört.

»Der früheste Vogel fängt den dicksten Wurm«, sagt sie gern und im Mezzosopran. Ich dagegen gehöre zu den Würmern, die sich so lange still verhalten, bis die Vögel satt sind und verschwinden.

Ich schaffte es bis zum Fenster, ohne daß der Kopf zersprang, und stemmte das Rollo weit auseinander.

Unten im Hof stand Manne, Mimosen-Manne. Händchenhaltend mit dem Müllcontainer. Mit einem nackten Frauenarm, der aus dem Container hing. In der anderen Hand hielt er einen Strauß verblichener Rosen, mit dem er die Tote liebevoll bedeckte. Es sah aus, als habe er sie gerade zu Bett gebracht. Mit Rosen bedacht –

Da war ich jäh hellwach.

»Das gibt's doch nicht, mit dem hab' ich doch die halbe Nacht gesumpft«, entfuhr es mir, »der war doch vollkommen hinüber«. Er trug auch noch denselben Hirschmusterpullover überm spitzen Bauch wie gestern nacht.

»Pst«, zischte Fränzl.

Blumenhändler Mannkopf, mein guter Freund Mimosen-Manne, zerrte am Deckel des Containers. Auf dem Müll lagen welke Sträuße, und auf ihnen lag eine junge Frau. Er ließ ihren Arm los und schaute sie mit hängenden Schultern an. Viel Blut klebte an ihrer linken Kopfhälfte, ein Blütenblatt daran festgetrocknet. Das wirkte deplaziert. Das Ganze wirkte fehl am Platz, ungehörig.

»Sie ist zu schön«, meinte ich, »zu edel für den Müll«.

»Du spinnst«, sagte Fränzl und unterbrach sich selbst mit einem neuen ›Pst‹.

Wir waren nicht die einzigen Beobachter.

Im Schatten der Küchentür stand der Koch. Wie eine Salzsäule. Manne starrte ihn an. Da zog sich der Koch behende in den Hintereingang der Kneipe zurück. Manne Mannkopf schaute ihm nach, glotzte, mit offenem Mund, ging schwer und langsam zum Hausflur.

»Der hat die umgebracht«, flüsterte Fränzl.

»Manne macht sowas nicht«, gab ich zur Antwort und kam mir albern vor.

Fränzl hatte ihren tatendurstigen Blick.

»Der Koch«, sagte sie, »ich meine doch den Koch. Der hat die umgebracht. Du mußt sofort deinen Fritz anrufen.«

Mein Fritz, das ist Hauptkommissar Eder von der Mordkommission. Er nennt es fachgerecht ›Delikte am Menschen‹. Fritz Eder ist mein geschiedener Ehemann.

»Wie komm' ich denn dazu«, erboste ich mich, »ausgerechnet ich.«

Er haßte Schnüffler und nahm es mir immer noch übel, daß ich nach der Scheidung ausgerechnet eine Detektei aufgemacht hatte.

Fränzl rief ihn selber an. Dann rannte sie hinunter, auf den Hof.

»Das nenn' ich Tatort sichern«, brummte ich hinter ihr her. Im Grunde bin ich stolz auf meine Nichte, aber manchmal ist sie doch recht hippelig.

Erstmal gründliche Morgentoilette. Der geschiedene Fritz sollte eine blendende Erscheinung vorfinden. »Die Scheidung ist dir gut bekommen«, sprach ich beherzt in den Spiegel und verspürte plötzlich einen völlig unpassenden Hunger auf ein Frühstück.

Erst dann konnte ich an die Tote im Hof denken.

Ich kannte sie. Das heißt, ich hatte sie schon öfter gesehen, in der Kneipe unten. Und mit ihr gesprochen. Das heißt, was man halt so redet, in der Kneipe.

Drunten hörte ich einige Polizisten rumoren. Die waren bei der Arbeit, und so sollte es auch sein.

Fritz ließ sich Zeit. Fast war ich überzeugt, er begnüge sich mit der Aussage von Fränzl.

Sie kam allein.

»Die Polizei geht im Haus rum. Ich hab' ihnen den Koch empfohlen.«

»Um Himmels willen, halt du dich da raus.«

»Ich sag' ja gar nichts mehr. Ich mach' mich auf die Socken. Eine muß ja das Geld anschaffen.«

Ich betrachtete sie.

»Hast du anschaffen gesagt?«

Sie hätte als Callgirl vermutlich ebenso Erfolg wie als Detektivin. Aber dann wäre ich ja die Puffmutter.

Ich mußte wieder an die Tote denken. Zu elegant für diese Gegend. Auffällig gut angezogen. Und immer nur Kaffee bestellt, während wir schon beim Bier waren. So am späten Nachmittag.

Fränzl ging, und ich trat wieder ans Fenster. Draußen war es ruhig. Im Treppenhaus dagegen wurde es laut. Die ersten Patienten wahrscheinlich, die Doktor Richters Praxis belagerten. Sie kamen immer viel zu früh. Entweder genossen sie es, stundenlang in einem stickigen Wartezimmer zu sitzen, oder sie waren allesamt von Doktors Charme überwältigt und konnten es ohne ihn kaum aushalten. In meinem ganzen Leben habe ich noch keinen gutaussehenden Mann so herzlich wenig leiden können. Wenn ich ihn sah, fiel mir immer der Otto-Katalog meiner Schwiegermutter ein. Sie hielt mir oft die Seite mit der Herrenfeinrippunterwäsche unter die Nase. Vorwurfsvoll. Als ob ich versäumt hätte, rechtzeitig neue Unterhosen für Fritz zu bestellen.

Fritz kam doch noch, mit seinem kleinen Assistenten, den er mit sich herumschleppt wie andere Beamte ihren Aktenkoffer.

»Du solltest hier mal lüften«, sagte Herr Kommissar als erstes.

»Gut siehst du aus«, bemerkte ich süffisant. Seine Tränensäcke wurden auch immer länger. Wahrscheinlich ging es ihm nicht besser als mir. Jedenfalls wirkte er, als hätte man ihm eben die Galle herausgenommen.

Er fummelte am Rollo herum.

»Aha«, stellte er fest.

»Ja, da kann man durchgucken«, bestätigte ich und hätte ihn gerne wieder losgehabt. »Warst du schon beim Arzt?«

Er sah mich verdutzt an.

»Wieso?« Er wölbte seine Hühnerbrust.

»Doktor Richter«, fuhr ich fort, »Praxis nebenan. Ein prachtvoller, wohlsituierter Mann.«

»Na und?« Fritz Eder hörte wieder mal kaum zu.

»Er ist verheiratet. Und gut bewacht.«

»Das interessiert mich nicht«, brummte er.

»Mich würde das schon interessieren«, meinte ich, »ich würde jedem Verdacht nachgehen.«

»Willst du mir meinen Beruf erklären?« Seine Stimme wurde schneidend wie damals bei der Scheidung. »Ich habe schon einen Verdächtigen.«

Natürlich Manne, meinen Kumpel. Ich gab ihm zu verstehen, daß der zarte Blumenhändler kaum zu einem Mord fähig wäre.

»Hat jemand was von Mord gesagt?« wies mein Exgatte mich zurecht. »In meinem Beruf ist man in der Wortwahl sorgfältiger als in deiner Branche.«

Er schien sich doch schon verabschieden zu wollen. Ging zur Tür, blieb stehen, drehte sich zu mir um, wie man das aus Filmen und Theaterstücken kennt: die Pointe vor dem großen Abgang.

Ich kam ihm zuvor.

»Ist noch was?«

»Wo warst du eigentlich letzte Nacht?« Er schien auf eine Zitrone gebissen zu haben.

Der kleine Assistent raschelte eifrig mit seinen Notizblättern: Meine Antwort war es wohl wert, festgehalten zu werden.

Ich hätte Fritz sagen können, daß ich in der Kneipe unten saß, bis ich trunken genug war, doch ich sagte:

»Ich war mit dem Blumenhändler Mannkopf zusammen.«

Kommissar Fritz schaute mich an wie an jenem Frühlingsmorgen vor etlichen Jahren, als ich ihm berichtete, ich hätte ihn endlich betrogen.

Er hatte mir nicht geglaubt. Und er glaubte mir auch jetzt nicht. So wollte ich ihn nicht aus der Tür lassen.

»Was sagt denn die Spurensicherung?« erkundigte ich mich beiläufig. Fritz sah ich gar nicht an, er hätte mir doch nichts ausgeplaudert.

Ich blickte fest in die kleinen Assistentenaugen und gewann. Der hatte mich noch als Gattin seines Chefs in treuer Erinnerung und gehorchte.

»Im Laden sind Spuren von der Kleidung der Toten«, las er vom Block. Sein Chef räusperte sich, die Assistentenstimme erstarb in ›Fasern und Flusen‹.

Fritz war jedenfalls wütend.

»Wir sprechen uns noch«, schnaubte er, und es war an uns gleichermaßen gerichtet, an den Kleinen und an mich.

Weg waren sie. Und mir war gar nicht wohl. Die ›Fasern und Flusen‹ gefielen mir nicht. Ich konnte mich nicht mehr daran erinnern, wann Manne in der Nacht die Kneipe verlassen hatte. Ich wußte nicht mal, wie und wann ich selber aufs Kanapee gekommen war. Das Wichtigste war jetzt, einen klaren Kopf zu bekommen. Hannes würde es wissen, ein Wirt schaut schließlich auf die Uhr, auch wenn er mitzecht.

Ich ging nach unten. Im Treppenhaus holte mich Sabine ein, die junge Arzthelferin. Sie war aufgebracht.

»Jetzt will die sich schon vormittags breitmachen. Die hat mich einfach nach Hause geschickt.«

Die, das war Berta Epple-Schulze. Sie war die gute Seele der Praxis ihres Schwiegersohnes. Sie war sogar so gut, daß die schlaueren Patienten ihre Termine immer auf Bertas freien Tag legten. Dann hatte Sabine die Praxis und Doktor Richter für sich und schmiß den Laden mit sonniger Laune. Am Dienstag führte Berta den Vorsitz im Karnevalsverein und trieb den armen Narren bestimmt den letzten Rest an Humor aus, mit eisiger Disziplin.

»Und geputzt hat sie auch schon. So sauber war die Praxis noch nie. Wahrscheinlich war die schon um fünfe da, der alte Teufel.«

Sabine war nah am Weinen, sie liebte ihren Beruf und verehrte ihren Chef.

Ich riet ihr, sich einen schönen Tag zu machen und ihn in der Mittagspause anzurufen, wenn Berta ihr Süppchen kochen ging.

Ich beeilte mich, nach unten zu kommen, wo ich Stimmen in Mannes Blumengeschäft hörte. Die Flurtür war angelehnt, ich stieß sie auf. Mitten in seinem Laden stand Manne, von Polizisten an den Armen gefaßt. Fritz Eder ließ sein Opfer festnehmen. Ich wollte zu ihm, mit ihm sprechen, aber sie ließen mich nicht.

»Anwalt!« schrie ich, »Anwalt!« Ich brachte keinen Satz zustande.

Sie schlossen die Tür.

In Hannes' Kneipe war an diesem Morgen Grabesstille. Bis ich kam. Ich wurde gleich laut.

»Da schleppen sie Manne ins Kommissariat, und du putzt seelenruhig deinen Tresen!« brüllte ich Hannes an. Der Wirt zuckte die Schultern.

»Was soll ich denn machen. Ich weiß doch auch nichts, hab' ich denen auch gesagt.« Er wußte nicht einmal mehr, wer wann mit wem gegangen war. Er hob wieder die Schultern.

»Ich war doch selber blau.«

Er zuckte mir ein bißchen zu oft mit seinen unschuldigen Schultern.

Ich hätte ihm gerne die Luft abgelassen und setzte schon zu einem scharfen Stich an. Da hielten zwei Taxen vor der Tür. Die Fahrer polterten herein, laut und fröhlich, sie traten meist im Doppelpack auf.

»So ruhig hier«, der lange Rolf schaute sich um, »habt ihr einen Trauerfall?«

Hannes blähte sich auf. Wenn er was erzählen konnte, wurde er immer gleich pompös.

»Ihr könnt euch gar nicht vorstellen, was hier los war. Eben ging die Polizei. Sie haben Manne mitgenommen.«

»Die Sumpfdotterblume? Was hat der denn ausgefressen?« Rolf grinste. »Hat er Friedhofsschändung begangen? Die Ruhe der Toten gestört?«

»Oder hat unser Alpenveilchen einen Rosenverkäufer gemeuchelt?« Jetzt war auch sein Schatten aufgewacht. Ralf war noch länger als Rolf, vielleicht hatte er deshalb so eine lange Leitung.

»Mit den Rosen liegst du richtig«, Hannes ließ sich die Pointe nicht nehmen.

»Es war die Mordkommission. In der Frühe machten wir einen grausigen Fund.«

Als sei er selbst dabeigewesen.

»Auf dem Hof im Container lag unsre Studentin. Erschlagen.«

Ganz gerührt war er, der Hannes.

»So wat Zartet, ne«, sagte er. Ihm hatte das Mädchen schon immer gefallen. Er hielt sie für eine höhere Tochter. Ich ließ ihn in dem Glauben. Sie hatte ihm erzählt, daß sie Medizin studierte. Was sie sicherlich getan hatte. Ich konnte mir denken, daß sie ihre anatomischen Kenntnisse auch zur Finanzierung des Studiums einsetzte.

Sie kam ziemlich regelmäßig in letzter Zeit. War es nicht immer der selbe Wochentag?

Das Lokal bekam neue Gäste, die Pharmavertreter schienen sich heute bei Doktor Richter die Klinke in die Hand zu geben. So viele auf einmal hatte ich hier noch nie gesehen. Sonst wollten sie immer frühstücken, heute sah es eher nach Frühschoppen aus. Der Anblick Bertas schien ihnen auf den Magen geschlagen zu sein.

»Hat dich der alte Drachen auch verscheucht?« Ein Rotnasiger ließ sich schnaufend auf einen Hocker fallen. »Ich werde lieber nächste Woche wiederkommen.«

Ralf und Rolf riefen im Duett nach ihrer Brotzeit.

Hannes mußte zugeben, daß der Koch weggegangen sei.

»Es gibt nichts zu beißen, der Koch treibt sich noch auf dem Markt herum.«

Das fand ich seltsam, vielleicht war Fränzls Verdacht doch nicht ohne. Es war kurz vorm Mittagessen, und das Lokal füllte sich.

Die Taxifahrer bestellten noch eine Runde Kaffee. Ich entschied mich für Sekt, um mich aufzufrischen.

Es war ein sonniger Vormittag. Wenn die Sonne durchs dritte Kneipenfenster scheint, ist es Mittag.

Sie schien. Und schob plötzlich einen Schatten vor sich her. Vor der Tür hielt ein Wagen, mein Oberkommissar stieg aus. Er ließ mich aber in Ruhe, wollte vom Wirt erfahren, ob er der Betreiber des PICCOLO sei. Hannes hatte seine Wohnung über der Kneipe an einen Club vermietet, die Herren benützten dezent den Seiteneingang.

»Wir würden da ganz gerne mal einen Blick reinwerfen.«

»Ich kann Ihnen natürlich die Adresse der Besitzerin geben, möchte aber doch empfehlen, die Dame noch nicht zu stören.«

Hannes gab mit einem Blick auf die Uhr zu verstehen, daß er sich mit den Gepflogenheiten des Nachtlebens bestens auskannte.

»Wir vermuten«, sagte Fritz, »daß die Tote in Ihrem Club gearbeitet hat.«

Der kleine Assistent zückte erwartungsfroh seinen Stift.

Hannes war konsterniert – die höhere Tochter eine Nutte.

»Erstens habe ich die Räumlichkeiten nur vermietet, zweitens ist mir nicht bekannt, wer da welchen Tätigkeiten nachgeht, und drittens kann ich mir nicht vorstellen, daß diese junge Frau, wie heißt sie überhaupt, Prostituierte war.«

»Ach, Sie wissen gar nichts?« fragte Fritz spöttisch. »Was war sie denn Ihrer Meinung nach?«

»Die hätte doch jeden hier abblitzen lassen.« Hannes rieb sich die große Nase. »Sogar mich.«

Fritz hakte sofort nach.

»Gestern abend?«

Jetzt war Hannes putzmunter.

»Hab' ich was gesagt?«

Der Assistent bat ihn um Wiederholung, er kam beim Schreiben nicht mit. Fritz war sauer auf seinen forschen Helfer.

»Lassen Sie sich endlich die Adresse geben.«

Ich spürte meinen Kater im Kopf und verdrückte mich.

Fränzl war im Büro. Sie fütterte den Computer. Ich achtete nicht weiter auf sie, ich machte mir eine Kompresse.

Doch Fränzl ließ mich nicht in Ruhe.

»Stell dir vor, er ist sofort in seinen Wagen gestiegen und losgefahren, ich hinterher.«

Ich murmelte nur, sie habe es gut gemacht, wie immer. Ich fand, daß Fränzl die Brotaufgaben sehr gut machte, Gatten beschatten. Mir lag das nicht. Außerdem hatte ich keinen Führerschein, mal wieder.

»Wieso haben wir eigentlich immer nur untreue Männer im Sortiment?«

Jetzt war Fränzl wirklich aufgebracht.

»Männer? Ich meine doch den Koch. Erst ist er durch die ganze Stadt gefahren, kreuz und quer, ich wußte nicht, was er vorhatte, jedenfalls konnte ich keinen Sinn drin erkennen, und dann, jetzt kommt's, Tante, stell dir vor, er brachte seinen Wagen in eine Waschanlage!«

Ich lobte ihr ökologisches Gewissen, konnte aber ihre Aufregung nicht verstehen.

»Warum wohl eine Waschanlage? Er wollte die Spuren beseitigen! Ich wußte nicht, was ich tun sollte. Danach ist er direkt hierher gefahren. Als ob nichts wäre.«

Ich legte mir betont die Kompresse über die Augen. Langsam ging sie mir wirklich auf die Nerven. Ich erinnerte sie an ihren Auftrag. Der Koch war unten gut aufgehoben. Um den konnte man sich immer noch kümmern.

Sie zog murrend ab.

Der Tag hätte so schön langweilig werden können wie die vorigen. Aber jetzt rumorte alles in mir weiter.

Immer dienstags. Dienstagnachmittags kam ein elegant angezogenes, hübsches Geschöpf in eine Kneipe, in die es nicht paßte. Sie schien zu warten. Vielleicht hatte sie einen festen Termin. Aber sicher nicht in dem Club über der Kneipe. Der Verdacht meines Kommissars war absurd.

So eine arbeitet nicht in einem piefigen Club wie dem PICCOLO.

Und zu einem Manne oder Hannes paßte sie nicht, nicht nur wegen ihrer Aufmachung. Es mußte ein anderer sein, mit dem sie verkehrte, ein Herr, oder einer, der sich dafür hält, der nicht grüßt und nicht dankt, einer, der gut aussieht und der um seine Wirkung weiß und sie nur dort einsetzt, wo sie ihm was bringt. Einer, der alles hat und nichts verschenkt und nichts verrät. Ein Heimlichtuer. Ein verheirateter Mann eben. Ein untreuer Gatte, der sich anders nicht traut. Ein Doktor Richter.

Vermutlich ist deshalb der Höllendrachen vor dem Paradiese postiert. Epple-Schulze. Ich glaube, ich sollte mir bei dem Herrn, der auf Frauen wirkt, mal einen Termin geben lassen. Ich mußte lachen, die Kompresse verrutschte.

Am Nachmittag ging ich mich anmelden. Berta saß vor dem Sprechzimmer wie der steinerne Löwe vor der Bibliothek. Zur Sphinx fehlte ihr die Schönheit, und ihre Antwort war gar nicht rätselhaft. Sie wollte mir erst in fünf Wochen einen Termin geben.

»Ich bin Privatpatientin und möchte noch heute.«

Das beeindruckte gar nicht.

»Wir nehmen keine privaten mehr an, Herr Doktor ist voll.«

Ich zeigte auf meine Fülle.

»Mich drückt aber die Leber, ich hab's eilig.«

Bertas Raubtierblick war echt.

»Sie warten. Ich werd' fragen.«

Ich bekam meinen Termin, für den nächsten Tag.

An diesem Abend tranken wir pietätvoll: Alle still vor sich hin. Hannes brummelte beim Zapfen.

»Eine früh gebrochne Rose.« Er senkte betrübt sein Haupt aufs Doppelkinn. »Sowat Zartet, nee.«

Die recht kompakte Wanja am Tresen sah an sich herunter, ob sie damit gemeint sei. Lilo, die Bedienung, die nur abends kam, versteckte ihre Sentimentalität hinter besonderer Geschäftigkeit.

Gerade preßte sie eine Zitrone für Cocktails, die Hände waren gar nicht ruhig dabei: Ein Tröpfchen gelangte ins Gläschen und zwei gerieten aufs Näschen.

»Jetzt«, kommentierte Hannes, »kenne ich das Geheimnis deiner Jugend.«

Lilo, im besten Alter, sah aus, als wollte sie heulen. Hannes bemerkte es und putzte plötzlich so vehement den Tresen, daß er Wanja das halbvolle Bierglas übers Kostüm kippte.

»Geht auf Rechnung des Hauses«, erklärte er trocken.

Einmal seufzten die Taxifahrer unisono, und Rolf sagte:

»Manne ist unschuldig, und ich werde nie mehr Sumpfdotterblume zu ihm sagen, das versprech' ich.«

»Und nie mehr Alpenveilchen«, pflichtete Ralf bei. Dann gingen sie wieder auf Tour. Und Fränzl kam, mich abzuholen.

Genau in dem Moment erschien der Koch an der Durchreiche mit einem Nudelgericht.

Fränzl sah ihn an.

»Er ist vorbestraft«, flüsterte sie. »Ich habe mich genau erkundigt.«

»Das sind bloß Nudeln«, sagte ich.

»Ein Sexualdelikt, Tante. Das sagt doch alles.«

Sie erwartete, daß ich aufstehen würde und mit ihr auf der Stelle den Fall löste. Ich sah auf die Uhr.

»Hör zu, Fränzl, die Praxis von Doktor Richter wird gleich schließen, und ich habe so eine Eingebung. Er wird bestimmt nicht gleich nach Hause fahren. Du heftest dich an seine Reifen.«

Sie war empört.

»Und der Koch?«

»Den Koch übernehme jetzt ich.«

Das besänftigte sie freilich nicht.

»Du ermittelst ja liebend gern in der Kneipe«.

Diesmal schlief ich traumlos. Als ich ins Büro kam, war Fränzl schon mit der Zeitung beschäftigt. Sie hielt mir ein großes Foto der Toten unter die Nase und las mir gleich die Fakten vor: Patricia Brehm war tatsächlich Medizinstudentin und durch einen Genickbruch zu Tode gekommen. Verursacht entweder durch einen Schlag in den Nacken oder durch einen Fall. Die Polizei ging von einem Gewaltverbrechen aus und konnte ein Sexualdelikt nicht ausschließen.

Weshalb hatte sie eine derart große Wunde an der linken Schläfe? Ich sah noch deutlich den leuchtenden Fleck auf der marmornen Haut. Rubinrot. Mit einem zartrosa Blütenblatt dekoriert.

Fränzl stieß mich an, ich hatte wieder mal nicht zugehört. Sie war schon mitten in ihrem Bericht über das Treiben Doktor Richters. Er war am Abend nicht nach Hause gefahren, sondern hatte eine Bar aufgesucht. Zuerst dachte Fränzl, daß er sich das übliche Vergnügen gefesselter Ehemänner holen wolle, doch dann fiel ihr auf, daß er ins ANTISEPTIC fuhr, eine Bar schräg gegenüber dem Unfallkrankenhaus.

»Stell dir vor, das ganze Personal scheint aus abgebrochenen Medizinstudentinnen zu bestehen.«

Richter hatte gezielt nach einem Mädchen gefragt, das seit einem halben Jahr dort nicht mehr arbeitete.

»Der ist hinter einer Nicole her, der dürfte also ausfallen.«

Das sah ich gar nicht so. Ich war mir sicher, daß Nicole und Patricia viel gemeinsam hatten.

Ich kam pünktlich zu meinem Termin bei Doktor Richter. Er lächelte mich an, aber nicht mit den Augen. Bevor er sich für meine Leber interessieren konnte, hielt ich ihm das Zeitungsfoto vor die blauen Pupillen. Er nahm die Zeitung.

»Kennen Sie die?« fragte ich.

Ja, sagten die Pupillen, nein, sagte der Doktor. Er kenne die Frau auf dem Foto nicht. Er habe kaum mitbekommen, sie wissen ja, die Praxis, daß es eine Tote im Haus gegeben habe. Im Hof, verbesserte ich ihn, im Müllcontainer.

Er rief nach der Sprechstundenhilfe. Beide kamen, Sabine und die Berta.

»Kennen wir die? War die mal Patientin?«

»Nein«, sagte Sabine. »Ja«, sagte Berta, »das haben wir der Polizei schon gesagt.«

»Ach«, sagte Doktor Richter. Er gab mir die Zeitung zurück, seine Hand zitterte. Es war die linke.

Draußen klingelte es stürmisch. Ich kannte das. So konnte nur mein Gatte stören. Beide Engel überflügelten sich. Am Eingang gab es Tumulte.

Einen Moment war ich mit Richter allein.

»Sie haben doch gestern nach ihr gefragt, im ANTISEPTIC.«

Diesmal war Fritz schneller. Er warf mich sofort raus. Jetzt wurde es dienstlich.

Fränzl verkündete, daß Manne wieder im Laden sei. Ich machte, daß ich zu ihm kam. Er wirkte ganz aufgeräumt und war dabei, seinen Laden zu fegen. Ich kaufte ihm prompt zwei Rosen ab und drückte sie ihm in die Hand. Als Willkommensgruß. Sie waren nicht mehr ganz frisch.

Die Polizei hatte ihn freigelassen, mein Eder hatte sich endlich zu einer genauen Tatzeit bekennen müssen: vor Mitternacht. Da saßen wir alle noch taufrisch zusammen, so früh hätte sich keiner davonmachen dürfen.

»Aber was war mit den Flusen?« Mir gingen die ›Fasern und Flusen‹ nicht aus dem Kopf. »Von der Toten, hier im Raum.« Ich deutete in alle Richtungen.

»Ich schwöre dir, Jolande, als ich in den Laden kam, lag sie noch nicht da. Ich weiß zwar nicht mehr, wann das war, aber ich hätte sie doch gesehen. Erst als ich aufwachte, weil ich mal rausmußte, bin ich über sie gefallen, sie lag mitten im Weg, in so ekliges, klebriges Plastik eingepackt. Sie hat mir leidgetan. Ich hab' sie ausgewickelt.«

Meine gute, alte Mimose. Ich stellte mir vor, wie der kleine Kerl sich an dem Mädchen verhob. Sie liebevoll begrub, in seinem Delirium. Ich faßte ihn zärtlich am Kinn:

»Wie konntest du sie nur in die Mülltonne packen.«

Er strich mir mit seiner Hand über die Schläfe.

»Sie war so schön, und es war so entsetzlich viel Blut.«

Er hatte mir an die rechte Schläfe gefaßt.

Als ich nach oben schnaufte, stand Fränzl schon in der Tür. »Der Koch hatte ein Alibi, er ist nur abgehauen, weil er Panik vor dem Verhör hatte, wo er doch vorbestraft ist. Die Waschanlage war reiner Zufall.«

Ich konnte nicht mehr sehen, ob sie enttäuscht war, denn nebenan wurde die Tür aufgerissen. Doktor Richter erschien, flankiert von Polizisten, die versuchten, Sabine und Berta abzudrängen.

»Dein Hinweis war ganz nützlich«, sagte Fritz zu mir, etwas säuerlich, aber doch mit Anerkennung. Sie waren ihm durch das Notizbuch der Toten auf die Schliche gekommen, er stand jeden Dienstagabend drin. Sein kleiner Seitensprung, immer wenn die Schwiegermutter ihren freien Tag hatte und im Karnevalsverein das Zepter schwang. Deshalb hatte Patricia in der Kneipe gewartet, bis die Sprechstundenhilfe Sabine die Praxis verließ. Doktor Richter fand Sex am Arbeitsplatz pikant.

»Warum hätte er sie töten sollen?« fragte ich Fritz.

»Solche Fragen pflegen wir nicht zwischen Tür und Angel …«

»Er ist Linkshänder.«

Fritz hörte nicht zu, wie immer.

Ich lag auf dem Kanapee. Ich wollte nachdenken. In unserer Teeküche flüsterten Fränzl und Sabine. Sabine war ganz aufgelöst.

»Und dann schrie sie, daß alles meine Schuld sei. Ich hätte nicht früher gehen dürfen.«

Ich hörte, wie Fränzl sie tröstete.

»Wenn Ihr Chef sagt, daß Sie gehen können.«

Sabine schluchzte.

»Woher hätte ich denn wissen sollen, daß er noch Privatpatienten empfängt.«

Und woher wußte es Berta? Wo sie doch dienstags nie da war?

Ich sprang auf.

»Schnell, Sabine, wie heißt Bertas Karnevalsverein?«

Ein Anruf genügte.

In der Praxis war es totenstill. Ich drückte die Schnapptür auf. Berta hatte sich in den hintersten Winkel verkrochen. Versteinert saß sie auf einem Hocker. Ihre Stimme war hauchdünn.

»Meiner Tochter wollte ich das ersparen.« Sie sprach wie für ein Protokoll. »In meiner eigenen Ehe habe ich unter der Untreue meines Mannes gelitten. Bei ihr hätte ich es nicht mehr mitansehen können.«

»Sie waren Dienstag hier.«

Sie war ganz weit weg.

»Er trug mein Häubchen. Sie flößte ihm Champagner mit der Schnabeltasse ein. Nur mit Schürze und Stethoskop bekleidet.«

Sie hatte die beiden in flagranti erwischt. Sie hatte das Mädchen angeherrscht, wie sie es nur fertigbrächte, eine Ehe zu zerstören. Da hatte die nur gelacht. Im Gegenteil, sie tue viel mehr für den Zusammenhalt einer Ehe.

»Sie hat mich ausgelacht, da habe ich den Kopf verloren.«

Und die Champagnerflasche als Keule benützt.

Bertas Stimme wurde fest.

»Sie ist unglücklich gefallen, mein Schwiegersohn konnte nur noch den Tod feststellen.«

»Warum haben Sie die Tote unserem Blumenhändler untergeschoben?«

Erst jetzt sah sie mich an.

»Das war doch Ihre Schuld. Wir hatten die ganze Nacht überlegt, wohin mit der Leiche. Als wir sie in der Frühe ins Auto bringen wollten, um sie zu entsorgen, hörten wir Sie betrunken vor der Haustür. Wir konnten uns gerade noch rechtzeitig verstecken. Zum Glück war die Flurtür zum Blumengeschäft nur angelehnt. Daß der Händler in seinem Laden schläft, hätten wir nicht gedacht.«

Ihr Blick war finster. Als ob Berta es nur gerecht fände, daß Säufer verdächtigt werden.

Wir waren beide ernüchtert, jede auf ihre Art. Jetzt hätte ich gerne Franziska dagehabt, mit ihrem praktischen Verstand.

»Wozu Gewalt«, würde sie sagen, »wo es doch Scheidungen gibt.«

Dann hätte sie wieder gut zu tun.

Berta stand auf und räumte den Hocker weg. Ein riesiger Medizinball rollte auf mich zu.

*Jan Eik*

# *Viel leichter als gedacht*

Es war leichter, als sie es sich gedacht hatte. Der Schock. Kopfschmerzen. Erinnerungslücken. So was konnte anhalten. Der Kommissar mußte sie einfach nach Hause schicken. Sie hatte sowieso nichts auszusagen. Der Typ hatte plötzlich vor ihr gestanden und ihr die Waffe unter die Nase gehalten. Niemand bemerkte etwas. Wolfrum, der sonst alle zwei Minuten herüberglotzte, war mit einer Kundin beschäftigt.

Sie sind hier falsch, hatte Ilka in ganz normalem Tonfall gesagt; ihre Stimme hatte nicht mal gezittert. Irgendwie war sie sicher, daß der nicht ernst machen würde mit seiner Gaspistole. Oder einem Schreckschuß-Revolver. Sie verstand nichts von solchem Zeug. Das begriff der Kommissar, der sie auf die Väterliche auszuhorchen versuchte, während sich Wolfrum wichtig tat wie immer: Die Art der Waffe wird die Videoaufzeichnung ergeben, Herr Kommissar.

Die würde gar nichts ergeben. Davon war Ilka überzeugt. Ihr Platz lag nicht im Überwachungsbereich. Und als der Typ sie aufgefordert hatte, zum Kassenschalter hinüberzugehen, folgte er ihr so dicht, daß schätzungsweise nur sie klar auf dem Videoband zu erkennen war. Für einen Augenblick hatte sie in die Kamera geguckt und daran gedacht, ob ihr Gesicht erschrocken genug aussah. So eine Kamera war unbestechlich. Andererseits waren die Bilder nur von mäßiger Qualität. Der Chef hatte ihnen den ganzen Überwachungs- und Sicherheitskram vorgeführt, bevor Wolfrum voller Eifer die weitere Einweisung übernahm. Der fühlte sich schon als der künftige Filialleiter. Die Rhönisch hing an seinem Munde, als verkünde er eine Gehaltserhöhung. Dabei glubschte der sowieso nur sie, Ilka, an, und hatte kein Auge für die aufgedonnerte Gans, die mal wieder mit ihrer albernen Behauptung glänzte, sie könne Geld auf mehrere Meter Entfernung riechen. Bei dem Parfum, was die verwendete!

Das Panzerglas um den Kassenbereich war auch Wolfrums Idee gewesen. Was hatte es genützt? Der Räuber war auf die einfache Idee verfallen, Ilka als Geisel quer durch den Schalterraum auf die Kasse zumarschieren zu lassen. Der Rhönisch blieb nichts anderes übrig, als die Kohle rauszurücken. Nach langem Zögern, wie Ilka beunruhigt in dem kritischen Augenblick wahrnahm, als sie vor dem Glaskasten stand, dieses Pistolending in der Nierengegend, und der Typ hinter ihr sagte: Das Geld her. Alles. Er schob einen weißen Stoffbeutel durch den Schlitz.

Bei Alarm knallts.

Die Rhönisch hatte Ilka angeguckt, und alle Abneigung, derer sie fähig war, lag in diesem Blick. Am liebsten hätte sie wohl auf einen Schuß gewartet, aber das traute sie sich denn doch nicht. Der Chef hatte es oft genug vorgebetet: Keine falschen Heldentaten. Auf alles eingehen und die Augen offenhalten. Kein Menschenleben in Gefahr bringen.

Dennoch bemerkte Ilka die winzige Bewegung, als wolle die Rhönisch den Alarm auslösen, und dann den Blick zu Wolfrum hinüber. Für eine Zehntelsekunde befiel sie eine eisige Furcht, die Pistole könnte echt und der Räuber nicht so harmlos sein, wie sie glaubte. Ilka wollte sich umdrehen. Der Revolver stieß schmerzhaft gegen ihre Rippen. Unter der Maske hervor sagte der Typ mit krächzender Stimme: Keiner rührt sich, sonst knallts.

Der war aufgeregter als sie. Das war ihr nicht erst in diesem Augenblick klar geworden. Der machte das zum ersten Mal und hatte Schiß, daß es schiefgehen würde. Wenn jetzt die Polizei hereingekommen wäre, oder der Chef von hinten – aber der führte eins seiner unendlichen Telefonate und die Polizei war weit. War auch besser so. Die schossen möglicherweise sofort, und nicht mit Schreckschußmunition. Man sah es oft genug im Fernsehen. Verletzt wurden immer die Geiseln.

Sie guckte wie absichtslos zu Boden, in Wahrheit aber, um sich zu vergewissern. Nein, ein Irrtum war ausgeschlossen. Die Naht an der Spitze des Turnschuhs stand einen Zentimeter weiter offen als vor ungefähr vierzehn Tagen. Auf ihr optisches Gedächtnis konnte sie sich verlassen. Ihr machte keiner was vor.

Die verräterische Kamera fiel ihr ein. Sie verdrehte ein wenig die Augen und lehnte sich gegen den Schalterblock aus falschem Marmor. Die Rhönisch warf den Beutel über die Glaswand. Um ein Haar hätte der Typ das Geld nicht gefangen. Ein Packen fiel heraus. Schweizer Franken. Achtzigtausend hatte ein Kunde für vierzehn Uhr bestellt und nicht abgeholt. Das erklärte die Rhönisch wenig später immer wieder wortreich dem Chef und dem Kommissar, als mache es einen Unterschied, ob Deutsche Mark oder Schweizer Franken geraubt worden waren.

Ilka hätte es vorgezogen, sich der Ohnmacht hinzugeben, in die sie schließlich gesunken war, aber Wolfrums Gegrapsche ließ sie schnell daraus erwachen. Der wagte es tatsächlich, sie anzufassen!

Sie haben sich sehr tapfer verhalten, sagte er bewundernd und tätschelte ihre Schulter, als hätte er vergessen, daß da noch eine Rechnung offen war zwischen ihnen, seit er ihr am Geburtstag des Chefs im Tresorraum unter den Rock gegriffen hatte. Sexuelle Nötigung. Er wußte, daß sie ihn bei passender Gelegenheit in die Pfanne hauen konnte. Und würde.

Die Rhönisch biß sich auf ihre dicken Lippen. Es war doch wohl richtig, daß ich gezahlt habe, sagte sie schrill. Ilka verdankt mir ihr Leben!

Ilka hütete sich, ihr zu widersprechen. Danke, sagte sie so matt, als stünde eine neue Ohnmacht bevor.

Selbst der Kommissar gab zu, alle hätten sich sehr umsichtig verhalten. Nur hätte er sich eine bessere Personenbeschreibung gewünscht. Die Rhönisch behauptete, der Räuber sei mindestens dreißig Jahre alt und über einsachtzig groß gewesen, und hätte blaue Turnschuhe getragen. Wolfrum sprach von grauen Schuhen und legte sich auf etwa siebenundzwanzig und einsachtundsiebzig fest. Ilka, nach der Größe des Mannes befragt, sagte zögernd: Ich glaube, so wie Herr Wolfrum. Oder noch kleiner?

Die Schuhe? Vielleicht weiß? Sie könne noch immer keinen klaren Gedanken fassen. Ob das so schwer zu verstehen sei ...

Der Kommissar nickte. Die Beamten würden sie nach Hause fahren. Oder besser in eine Klinik. Ilka wehrte ab. Mit taumeligen Schritten trat sie zur Tür. Vor der Absperrung drängte sich eine Menschenmenge. Jemand fotografierte den Eingang. Ilka hob die Hand über die Augen und wandte sich zum Hinterausgang. Plötzlich war Wolfrum neben ihr: Ich begleite Sie!

Das hatte ihr gerade gefehlt! Aber ablehnen konnte sie nicht. Der Kommissar war mit Wolfrums Kundin beschäftigt. Frau Rhönisch zählte unter der Aufsicht zweier Beamter die Kassenbestände, oder vielmehr, was davon übrig geblieben war. Der Chef versuchte mit der Zentrale zu telefonieren.

Sie ertrug es, sich von Wolfrum beim Einsteigen und zwei, drei Mal auch beim Schalten berühren zu lassen. Darauf kam es jetzt nicht an. Sie überlegte fieberhaft, wie sie ihn loswerden konnte. Es fiel ihr nichts Unauffälliges ein. Vor ihrer Tür fand er glücklicherweise keinen Parkplatz. Mit einem gehauchten: Bis morgen! entschwand sie. Es war besser, ihn bei Laune zu halten. Sie wußte genau, was sie zu tun hatte. Sie hatte lange auf eine solche Gelegenheit gewartet. Jetzt war sie da.

Sie nahm sich nicht einmal die Zeit, die drei Treppen bis zu ihrer Wohnung hinaufzusteigen. Vielmehr: bis zur Wohnung ihrer Mutter. Das war nun vorbei. Eine eigene Wohnung war das mindeste, was rausspringen mußte. Wenn alles gut ging. Und es würde gutgehen. Irgendwie spürte sie das. Sie trat aus dem Haus und sah sich um. Nichts Verdächtiges. Wer sollte ihr auch mißtrauen.

Mit einiger Mühe fand sie die Straße und das Haus. Einen Augenblick zögerte sie, als sie den Namen nicht sofort in der Briefkastenreihe fand. Sie war sich ihrer Sache so sicher, als läge der Personalausweis vor noch ihr. So sicher wie bei den Schuhen. Ein Uraltmodell. Silbergraue Nike Airliner, mit Wildleder abgesetzt und angeschrägter Sohle. Weshalb sie den Leuten zuerst auf die Füße guckte, wenn sie die Sparkasse betraten, wußte sie selber nicht.

Der Name war mit grünem Filzstift auf einen Briefkasten geschmiert, auf dem außerdem noch *U. Schmitt* stand. Zweiter Stock rechts. Sie stieg die Treppen hinauf. Erst jetzt kam ihr die Gefährlichkeit ihres Unterfangens zum Bewußtsein. Im Haus war es still. Beängstigend still. Niemand wußte, daß sie hier war, und niemand würde sie hier vermuten. Sie griff in die Tasche. Da war nur ihr Schlüsselbund. Immerhin etwas.

Hinter der Tür von *U. Schmitt* rumorte es. Also war er zu Hause. Wenn er überhaupt hier wohnte. Unten klappte die Haustür.

Jetzt galt es, cool zu bleiben. Ganz cool. Sie klingelte und trat zwei Schritte zurück. Eine junge Frau mit strähnigen blonden Haaren, bekleidet mit ausgeleierten Jeans und einer ungebügelten Bluse, öffnete und starrte sie an.

Hallo?

Ilka, die Faust mit dem Schlüsselbund in der Manteltasche vorgestreckt, starrte zurück. Hallo.

Die Blondgefärbte war eindeutig schwanger. Hinter ihr im Flur tauchte eine männliche Gestalt auf.

Wer ist denn –

Er erkannte Ilka. Geh rein, sagte er zu der Blonden. Dauert nur eine Minute.

Ilka trat noch einen Schritt zurück und wartete. Der Typ trug noch immer die NIKE-Schuhe. Wahrscheinlich besaß er gar keine andern. Dabei sah er – bis auf die Schuhe – immerhin so brauchbar aus, daß er ihr aufgefallen war, als er vor zwei Wochen das Konto eröffnen wollte.

Den Beutel, sagte Ilka cool. Oder tough. Das war wohl das passende Wort. Tough, wie die Mädels in den Fernseh-Krimis, die am Ende absahnten.

Wovon reden Sie?

Mein Freund sitzt unten im Wagen. In fünf Minuten sind die Bullen hier, wenn ich nicht zurück bin.

Er schwieg lange, hielt aber ihrem Blick nicht stand.

Okay. Fifty fifty.

Sie hatte es gewußt: Er war ein Verlierer.

Alles, sagte sie hart, und er tat ihr nicht einmal leid. Diese blonde Ziege am Hals und nicht clever genug für einen erfolgreichen Coup. Eben ein Verlierer. Kein bißchen tough.

Alles, sagte sie noch einmal kalt. Und die Sache ist vergessen.

Es war viel leichter als in jedem Fernsehkrimi. Dennoch zitterten ihre Knie, als sie mit dem Plastikbeutel in der Hand aus dem Haus trat. Es war der blanke Wahnsinn, mit einer auffälligen Tüte rumzurennen. Es war überhaupt der blanke Wahnsinn, was sie sich geleistet hatte. Aber nun konnte nichts mehr schiefgehen.

In der Berliner Allee kam sie an einem Taschengeschäft vorbei. Das war die Rettung. Sie bezahlte mit ihrem letzten Schein. In die Tüte zu greifen, wagte sie nicht.

Eine Ecke weiter war ein Café. Sie mußte sich erstmal hinsetzen. Sie war sicher, daß der Typ ihr nicht gefolgt war. Dennoch mußte sie in nächster Zeit vorsichtig sein. Ein paar Tage krank machen, auf den Schock hin. Ein Erholungsurlaub stand ihr mindestens zu.

Sie bestellte einen Kaffee und lehnte sich zurück. Am liebsten hätte sie die billige Reisetasche auf dem Schoß behalten und hineingefaßt. Achtzigtausend. Wahrscheinlich mußte sie in die Schweiz fahren, um die Franken einzuwechseln. Die Schweiz war schön, wenn auch teuer. Sie konnte ja überall erzählen, daß sie zur Oma nach Bamberg fuhr.

Jemand setzte sich an ihren Tisch. Sie blickte auf und glaubte an eine Halluzination. Es war Wolfrum. Saß einfach da und griente sein aufdringliches Lächeln. Wenn der sie verfolgt hatte, war alles aus. Unwillkürlich griff sie nach der Tasche.

Eigentlich war es kinderleicht. Irgendwas war ihm von Anfang an nicht koscher erschienen. Dieses kleine Luder war nicht geschickt genug, ihn zu täuschen. Von wegen Ohnmacht. Die versuchte mit ihrem hochgerutschten Rock nur davon abzulenken, daß sie nicht wie eine Geisel gewirkt hatte, sondern eher wie Bonnie in Begleitung von Clyde. Er hatte sie die ganze Zeit beobachtet, auch als sie zu Boden sank. Billiges Theater. Dennoch hatte er auf ihre Schenkel gestarrt. Irgendwann würde er zum Zuge kommen. Irgendwann sehr bald. Das hatte er im Gefühl.

Sie zu beschatten war ein Kinderspiel gewesen. Für ein Mädchen, das eine Stunde zuvor die Ohnmächtige gemimt hatte, war sie erstaunlich gut zu Fuß. Er schaute sie so an, wie er das schon lange vorgehabt hatte, und sagte erstmal gar nichts. Sie saß da wie das Kaninchen vor der Schlange, eine Hand um die Tasche gekrampft. Zu Tode erschrocken.

Die Serviererin brachte einen Kaffee.

Mir bitte auch einen. Und zwei Kognak.

Ilka wich seinem Blick aus. Was wollen Sie von mir? fragte sie schroff.

Er lächelte überlegen. Nicht von dir. Mit dir ...

Die Röte auf ihren Wangenknochen machte ihr Gesicht mit der ein wenig stumpfen Nase noch reizvoller. Sie wußte genau, wie stark sie auf ihn wirkte. Vom ersten Augenblick an hatte sie ihn beunruhigt. Vergeblich hatte er auf eine günstige Gelegenheit gelauert. Eine bessere als im Tresorraum. Jetzt war sie da.

Eine Situation, wie er sie liebte.

Eine hübsche Tasche ..., sagte er gedehnt. Er beugte sich zu ihr und legte die Hand an ihre Wange. Ihre Augen wurden sehr dunkel.

Wir werden uns über alles einigen, Schatz. Über alles, verstehst du?

Es war ein Risiko. Er wußte das. Ein Risiko, wie er es in seiner Position niemals eingehen durfte. Aber der Preis war verlockend. Er hatte sie in der Hand. Sie würde darum betteln, daß er sie nicht verriet, die Plastiktüte und den Taschenkauf verschwieg.

Wir gehen zu mir, sagte er. Dort können wir über alles reden. Wenn du Lust hast, die ganze Nacht ...

Der Kaffee war nicht sehr heiß. Sonst hätte er möglicherweise die Geistesgegenwart verloren und nicht rechtzeitig nach der Tasche gegriffen. Mit der anderen Hand wischte er sich die Brühe aus den Augen.

Als er wieder klar sehen konnte, war Ilka verschwunden. Die Leute glotzten ihn an. Vor ihm stand die Serviererin mit dem Kaffee und den beiden Kognakschwenkern.

Es war ganz einfach. Sie hatte es sich genau überlegt. Wie eine nüchterne Feststellung mußte es klingen: Ihnen ist doch auch aufgefallen, daß unsere junge Dame überhaupt keine Angst vor dem Räuber hatte ...

Sie war auf seine Reaktion gespannt. Wenn wirklich was zwischen ihm und Ilka gelaufen war, dann würde sich die Polizei dafür interessieren. Und sie war die entscheidende Zeugin, das mußte ihm klar sein.

Na gut, sie selbst hatte auch keine Angst gehabt, aber sie hatte hinter kugelsicherem Glas gesessen, und sie hätte den Teufel getan und keinen Pfennig rausgerückt, wenn Wölfi ihr nicht beruhigend zugenickt hätte. Kein Menschenleben gefährden. Obwohl ein Blinder sah, daß der Kerl nicht geschossen hätte. Es lag etwas Unentschlossenes in seinen Bewegungen, und wenn diese Ilka ein bißchen Widerstand ... So war das eben mit solchen Püppchen, die nichts weiter können, als mit dem nichtvorhandenen Hintern wackeln. Die Kerle ließ sich von so einer einwickeln. Auch Wölfi. Spielte zwar immer den Korrekten, Unnahbaren. Eben den künftigen Chef. Aber sie wußte seine Blicke zu deuten. Da waren die Männer alle gleich. Bei ihr blieb er nur stehen, wenn sie die Bluse mit dem weiten Ausschnitt trug.

Von heute an würde sich das vielleicht ändern. Er war keine besonders imposante Erscheinung, aber ein Mann, der Karriere machen würde, wenn er sich nicht an die Falsche verlor. Er brauchte eine Frau, die auf ihn aufpaßte. Sie lächelte. Eine, die vor seinem Haus auf ihn lauerte wie ein Groupie auf einen langhaarigen Musiker? Die Bushaltestelle war eine gute Tarnung. Einmal mußte er ja kommen. Wenn er nicht doch bei Ilka –

Das konnte und wollte sie sich nicht vorstellen. Wahrscheinlich hatte er noch eingekauft. Inzwischen waren die Läden zu. In eine Kneipe ging er bestimmt nicht. Das paßte nicht zu ihm. Oder doch? Er tat immer ein bißchen undurchsichtig. Das machte ihn ein bißchen interessanter.

Sie bemerkte ihn erst, als er die Haustür aufschloß und sich verstohlen umguckte. Was für eine merkwürdige Reisetasche trug er bei sich?

Sie schlängelte sich zwischen den Fahrzeugen hindurch und erwischte die Tür, bevor sie ins Schloß fiel. Er stand vor dem Aufzug und wandte ihr den Rücken zu, die billige Tasche an die Hüfte gepreßt.

Ich muß mit Ihnen reden, Herr Wolfrum, sagte sie munter, und im gleichen Augenblick durchfuhr sie ein heißer Schreck. Die Tasche! Sie konnte es nicht erklären, aber ihre Nase hatte sich noch nie geirrt. Niemand hatte ihr glauben wollen, auch Wolfrum nicht, bis sie bei einem Geruchstest sogar verschiedene Währungen unterschieden hatte. Jetzt roch sie Schweizer Franken.

Wolfrums Augen glitzerten, als stünde er unter Drogen. Er umklammerte die Tasche, und sie war sicher, daß er sich an den Test erinnerte.

Der Aufzug hielt. Wolfrum öffnete die Tür und stellte den Fuß dagegen. Kommen Sie mit rauf, sagte er rauh und griff nach ihrem Arm.

*

Es war ein großer Fehler gewesen, ihm den Kaffee ins Gesicht zu schütten. Und ein noch größerer, ihm die Tasche zu überlassen. Hätte sie eine Waffe gehabt, hätte sie ihn erschießen müssen. Natürlich nicht im Café. Irgendwo, in irgendeiner dunklen Ecke. Sie hätte sich nur ein bißchen willig anstellen müssen.

Und die Leiche?

Sie hatte keine Minute geschlafen in dieser Nacht. Überraschenderweise waren die Bullen bis zum Morgen nicht aufgetaucht, um sie zu verhaften. Also hatte sie sich zum Dienst geschleppt, als wäre nichts geschehen.

Vor zehn Minuten war der Kommissar aufgetaucht und mit dem Chef verschwunden. Vielleicht gab es einen Ausweg. Sie konnte Wolfrum der versuchten Vergewaltigung im Tresorraum beschuldigen. Nur aus Rache wollte der ihr das mit dem Geld anhängen! Wer sagte denn, daß es sich um ihre Tasche handelte? Sie hatte nie so eine besessen …

Sie blickte auf. Wolfrum lehnte bleich in seinem Drehstuhl und starrte sie aus blutunterlaufenen Augen an. Dieser Scheißkerl hatte sie voll in der Hand, und das Geld noch dazu. Wenn er redete, würden die den Taschenladen finden und ihr beweisen, daß sie den Turnschuhtypen wiedererkannt hatte.

Sie war erledigt. Am liebsten hätte sie den Kopf auf den Tisch gelegt und geheult.

Des Teufels Großmutter mußte ihn geritten haben, als er die Tasche an sich gerissen hatte. Und Beelzebub persönlich hatte ihm im Nacken gesessen, als er zwei Kognak getrunken und mit der Beute nach Hause gefahren war. Er war stolz darauf, ein kühler Rechner zu sein, aber manchmal gingen sie mit ihm durch. Wie am Geburtstag des Chefs im Tresorraum. Ein Glas Sekt. Damit hatte alles angefangen.

Er hatte ernsthaft erwogen, zur Polizei zu gehen. Den Fehlgriff im Tresorraum würde er einfach bestreiten. Die Rhönisch hatte er auf seiner Seite.

Und dann stand ausgerechnet die im Hausflur vor ihm wie vom Himmel gefallen und machte mit ihrem blödsinnigen Geruchssinn alle seine Vorsätze zunichte! Als ein Mann schneller Entschlüsse erkannte er glasklar die einzige Möglichkeit, sie zum Schweigen zu bringen. Ihr Handkantenschlag traf ihn unvorbereitet. Als er zu sich kam, fuhr auf der Straße ein Taxi ab.

Die ganze Nacht hatte er auf die Polizei gewartet. Jetzt war sie da. Worüber sprach der Kommissar mit dem Chef? Ilka, das Luder, das an allem Schuld war, starrte herüber und dann zur Tür. Aus ihrem Panzerglaskäfig belauerte ihn die Rhönisch. Er war erledigt, seine Karriere war zu Ende. Weshalb saß er überhaupt noch hier? Am liebsten hätte er den Kopf auf den Tisch gelegt, die Augen fest geschlossen …

Vor diesem Häufchen Elend hatte sie Angst gehabt? Was für ein lächerlicher Irrtum! Für einen Moment hatte der tückische Glanz in seinen Augen sie in Panik versetzt, bevor sie sich auf ihren Selbstverteidigungskurs besann. Ein zweiter, entscheidender Fehler war ihr im Taxi unterlaufen, als sie ihrer verfluchten Neugierde nachgegeben hatte, statt schnurstracks zur Polizei zu fahren. In einer Plastiktüte steckte der Beutel, den sie sofort erkannte. Und darin zwei Packen Schweizer Franken. Mehr nicht. Der Rest bestand aus säuberlich geschnittenem und gebündelten Zeitungspapier, obenauf jeweils mit dem bedruckten Werbegeldschein einer Lotterie dekoriert.

Man hatte sie reingelegt. Sie fühlte sich um zehn Jahre gealtert nach dieser Nacht. Keine Sekunde hatte sie geschlafen. Mit brennenden

Augen blickte sie von Wolfrum zu Ilka. Welches Spiel trieben die miteinander? Und jetzt auch noch dieser Kommissar! Sie war am Ende. Am liebsten hätte sie den Kopf –

Was wollte die? Fünfhundert Schweizer Franken in D-Mark?

Sie blickte die junge Frau mit den strähnigen blonden Haaren durchbohrend an. Vom Geruch der Scheine wurde ihr übel.

Ilka sah die ausgetretenen Pumps der Frau wie durch einen Schleier, dann den vorgewölbten Leib und die Frisur.

Das war doch nicht möglich!

Sie sprang auf. Der Kommissar stand ihr im Weg.

Da wäre eine Kleinigkeit zu klären. Auf dem Video schauen Sie dem Räuber auf die Füße. Wir haben den Abdruck einer Schuhsohle gesichert …

Der Kassenraum begann sich um sie zu drehen. Es war viel leichter, in Ohnmacht zu fallen, als sie gedacht hatte.

*Dieter Kassel*

# *FUN FM*

## *1*

»Hallo und Hallöchen, liebe Lauscher, es ist ein wunderschöner Tag, der letzte Tag eines kurzen Monats, aber keine Panik, der Februar geht zu Ende, die Hits gehen weiter auf FUN FM mit Werner!«

»So moderiert der nicht!«

»Aber mit amtlicher Bestätigung. Unser Werner ist ein Kalender-Fan. Der alte Wonneproppen. Er kennt Boney M. und unseren Chef, das ist ja auch genug Anlaß zur Fröhlichkeit; und so denkt das Radiovolk jeden Tag ab zwei, die Welt sei plötzlich gut geworden.«

»Deshalb mögen die Leute ihn.«

»Den mag höchstens seine Mutter, und auch nur, weil sie nicht im Sendegebiet wohnt. Wenn die mal noch lebt. Die Produktion des lieben Werner ist ja schon 'ne Weile her.«

»Na hör mal, Werner Waiga ist doch kaum älter als Du!«

»Aber hallo! Hier ist die Genauigkeit eines Einwohnermeldeamtes gefordert, und mit der kann ich – bekannt als der Intellektuelle unter den Labersäcken – durchaus dienen. Waiga ist mindestens Mitte, eher aber Ende dreißig, und ich zähle stimulierende 32 Lenze. Wobei ich mir in diesem Moment die Frage stelle, ob man »Lenze« mit ›e‹ oder mit ›ä‹ schreibt. Ich weiß es nicht, ich bin ja beim Radio.«

»Mit ›e‹. Aber reden wir doch nicht weiter über Waiga, der ist sowieso nicht wegzukriegen.«

»Notfalls könnte man ihn umbringen. Wäre nur Sachbeschädigung, da hilft die Haftpflicht«

Diesen Satz meinte Mike natürlich nicht ernst. Aber etwas Böses hätte er Werner Waiga schon gerne angetan, denn der Mann war ihm ein Dorn im Auge. Ein Spezi des Chefs, ein Bekannter aus München, der erst vor einem Monat nach Berlin gekommen war und schon die zweitwichtigste Sendung bei FUN FM moderierte. Mike war seit über einem Jahr da und steckte immer noch in der Nacht. Eine undankbare Aufgabe, und auch schlecht bezahlt. Außerdem schien Sylvia den Waigel zu mögen, und Mike war ausgesprochen eifersüchtig. Was er aber niemandem offen zeigen konnte, denn seine Verbindung zu Sylvia war rein platonisch.

»Noch«, pflegte Mike dazu zu sagen, aber dieses ›noch‹ war nun auch schon ein ganzes Jahr gültig. So war die Stimme der FUN-Nacht denn auch nicht besonders gut gelaunt nach einem kurzen Espresso im Cafe in Sylvias Haus. In die Wohnung kam Mike nicht, dafür stieg er in seinen alten Golf und fuhr Richtung Norden.

›Wie ich es immer wieder schaffe, bei meinen Arbeitszeiten in den Berufsverkehr zu kommen‹, dachte Mike beim rituellen Stau am Großen Stern. Mitten im Stau fiel ihm auf, daß er gar nicht müde war, obwohl seit 24 Stunden wach. Das gab ihm die Chance, seine Wohnung aufzuräumen.

Eine Gelegenheit, die Mike nicht zu nutzen gedachte.

## *2.*

Der erste Donnerstag im Monat gab allen Moderatoren die Möglichkeit, den großen Dr. Werner Steigbaum zu betrachten. Steigbaum war Programmchef von FUN FM und als solcher weder besonders fähig noch besonders gefürchtet. Er hielt sich aber für beides, und deshalb hatte er es nicht nötig, großartig aufzutrumpfen. Dies trug dazu bei, daß er auch niemals fähig oder gefürchtet sein würde. Die Möglichkeit, ihn zu so wichtigen Themen wie dem Rauchen im Studio, dem enormen Verbrauch von Klopapier oder dem Anstieg privater Ferngespräche aus dem Produktionsstudio zu hören, mußte man allerdings wahrnehmen. Die Moderatorenkonferenz war Pflicht und fand extra um 18.00 Uhr statt, weil zwischen sechs und acht bei FUN FM Hörerwünsche mit Grüßen vom Band liefen, also niemand fehlen konnte, weil er auf Sendung war.

Wer sich jetzt im Redaktionsraum umschaute, der begriff bei jedem der Anwesenden, warum er beim Radio war und nicht beim Fernsehen. Niemand hatte sich die Mühe gemacht, innerhalb der letzten 24 Stunden die Haare zu waschen, und die Funktion eines modernen CD-Spielers war den Moderatoren offenbar deutlich besser bekannt als die eines Rasierapparates. Für Silvia gab es da nichts zu sehen, höchstens zu riechen. Aber immerhin war Konstantin von seiner Kleidung her ein angenehmer Anblick. Der zog sich immer flippig an, war der einzige Szene-Typ von FUN FM, auch wenn er die dafür am wenigsten geeignete Sendung von 10.00 bis 14.00 Uhr moderierte. Conny flegelte sich in seinen Stuhl – er hatte gerade seine alle zehn Minuten erforderliche Zigarettenpause im Gang gemacht – und begann mit dem Erzählen kleiner Witze. Sein Zuhörer war Samuel Brenner, ein farbloser Wochenend-Moderator mit ungeklärtem Privatleben. Direkt daneben saß Mike, wie immer im negativen Sinne des Wortes ›normal‹ gekleidet und mit arroganter Miene. Mike hatte das Radiomachen erfunden und wollte sich hier nichts anhören.

Allerdings gab es noch einen anderen Erfinder des modernen Privatfunks, den Abendmoderator Jörg Kohlheisen. Jörg – ein Freak, der jede freie Minute mit dem Produzieren irgendwelcher Bänder im Funkhaus verbrachte – sah interessiert drein und äußerte permanent seine Meinung, auch wenn die überhaupt nicht von dem abwich, was gerade gesagt worden war. Viel ruhiger war da Björn, ein weiterer Wochenend- und Ersatzmoderator. Er war noch ziemlich neu und höchstens zwanzig. Saß außerdem ausgerechnet neben Fred Müller, dem Mann der ersten Stunde und Moderator der Chart-Show. Der nickte andauernd zum letzten Teilnehmer, dem Wochenend-Mann Benny Ben rüber, der ihn allerdings nicht ansah.

Sie alle waren sich ihrer Bedeutung als Medienschaffende bewußt und saßen in einem netten großen Altbau-Zimmer in einer Nebenstraße in Berlin-Schöneberg. FUN FM war hier in einer ehemaligen Wohnung

– allerdings einer 300-Quadratmeter-Wohnung – untergebracht und hatte die einst stattlichen Räume in nur drei Jahren schon komplett verunstaltet. Nur von außen sah das Haus in der Kurfürstenstraße noch schön aus. Just dieses Haus hatte nun in der vergangenen Nacht offenbar auch einen Fremden angelockt. Zumindest vermuteten das alle, als Programmchef Steigbaum von einem beunruhigenden Vorfall berichtete.

»Als ich heute morgen in mein Büro kam, fehlte mein Computer samt Bildschirm und Drucker. Das Ding wird aber ganz sicher nicht repariert, und es hatte auch niemand Grund, es aus meinem Zimmer zu entfernen. Außerdem hat außer mir ja keiner einen Schlüssel zu dem Raum. Oder offenbar doch. Das ist ein schlimmer Vorfall. Auch aus Schulen und Ämtern werden ja oft solche Geräte gestohlen. Aber bei uns darf das nicht sein. Abgesehen vom materiellen Schaden kommt noch dazu, daß offenbar jemand im Funkhaus war, der da nicht hineingehört. Wir müssen vorsichtig sein! Wenn Ihr irgendwas wißt, dann teilt es mir bitte mit.«

Das war der Hammer der Moderatorenkonferenz. Anschließend diskutierte man noch endlos, ob der Name FUN FM immer am Anfang oder am Ende einer Ansage genannt werden sollte. Steigbaum plädierte für beides, Mike für ›niemals!‹ und man einigte sich – nachdem jeder außer Sylvia jeweils 20 Minuten über das Thema referiert hatte – auf den Anfang.

Über den Diebstahl wurde nicht mehr geredet, und so mußte Mike seine Gedanken zu diesem Thema auf den Abend verlegen. Da war er mit Sylvia zum Essen verabredet, um wohl anschließend wieder mal auf ihrer Couch zu übernachten.

## 3.

»Waiga war's.«

»Das hättest Du wohl gerne. So ein Unsinn. Was will der mit Steigbaums Computer?«

»Augsburger klauen. Das hat mir meine Mutter schon immer gesagt. Und Waiga kommt aus Augsburg!«

»Aus Aichach bei Augsburg. Übrigens ist Werner Waiga 34 Jahre alt. Er hat's mir gesagt«

Mike war von dem Gedanken, daß Sylvia sich schon wieder mit Waiga getroffen hatte, nicht gerade angetan. Sofort bestellte er ein zweites Bier. Daß sein Erzfeind tatsächlich den Computer gestohlen hatte, glaubte allerdings auch Mike nicht.

»Andererseits ist da doch niemand extra bei uns eingestiegen, um dann nur einen einzigen Computer zu klauen. Und warum nimmt der bei einer Auswahl von etwa 14 Geräten nur den mit, der im einzigen verschlossenen Zimmer steht? Das ist doch merkwürdig.«

»Tja, ich fürchte auch, daß es einer von uns war. Ich frag' mich nur, wer«

Diese Frage war nun aber an diesem Abend nicht mehr zu beantworten, und so konzentrierte sich Mike wieder auf die Frage, wie er seine Beziehung zu Sylvia in etwas ernstere Bahnen lenken könnte. Aber auch für dieses Problem gab es vorerst keine Lösung.

## 4.

Daheim im Wedding fand Mike einen Anruf auf seinem Band. Steigbaum wollte ihn am nächsten Tag um zwölf sehen. Später sollte Mike sich darüber wundern, daß er nicht selbst drauf gekommen war, was der Chef von ihm wollte …

## 5.

»Ich habe auf der Moderatorenkonferenz nicht ganz die Wahrheit gesagt. Der Computer in meinem Büro war zwar der erste, der gestohlen wurde, aber das war schon vor drei Wochen. In der Zwischenzeit sind noch weitere Geräte, unter anderem zwei Mini-Stereoanlagen aus den Redaktionsräumen und ein weiterer Computer, verschwunden. Und alles deutet darauf hin, daß das jemand von uns ist!«

»Auch ich denke nicht, daß sich da einer von außen Zugang zum Funkhaus verschafft. Aber wer von uns könnte es denn sein?«

»Es kommen nicht sehr viele Leute in Frage, Mike. Ich will Sie nicht beschuldigen, aber die Geräte wurden natürlich alle nachts geklaut. Und da sind meistens nur Sie im Haus. Wenn Sie nichts gesehen haben …«

»Wenn ich etwas klaue, dann hören Sie das in ganz Berlin. Unsere Platten sind nie länger als vier Minuten, meistens nur drei. Wie soll ich denn da etwas abmontieren und runterschleppen, während ein Titel läuft?«

Die Antwort auf diese Frage beschäftigte wohl auch Sylvia. Es war das erste mal, daß Mike sich nicht über ihren Anruf freute. Dabei wollte sie sich unbedingt mit ihn treffen, vor der Sendung, und auch noch bei ihm zu Hause.

## 6.

»Ich brauche Deine Hilfe, Mike. Was wir jetzt besprechen, darf auf keinen Fall jemand erfahren. Absolut niemand, und schon gar nicht einer von FUN.«

»Ich bin im ganzen Saarland bekannt als ›Mr. Helpful‹ oder auch – bei den Landwirten – als der große Hilfeonkel.«

»Hör auf Mike, es ist wirklich sehr ernst.«

»Du hast recht. Ich war noch nie im Saarland.«

»Mike, bitte. Ich habe Angst. Ich kann Dir nicht erklären wieso, aber ich brauche Geld. Noch heute nacht. Allerspätestens morgen früh. Und ziemlich viel Geld.«

Sylvia sah wirklich verzweifelt aus. Wofür das Geld? ›Denk nicht immer ans Wahrscheinlichste‹, dachte Mike. Dabei ging ihm einiges durch den Kopf. Es gab ja wirklich jemanden, der außer ihm oft nachts da war. Sylvias Sendung begann um fünf Uhr morgens. Sie war aber immer schon um halb vier da. Vor Pierre Kucinsky und Mark Meiyer, ihrem Redakteur und ihrem Nachrichtensprecher. Das war recht ungewöhnlich, aber Mike hatte sich daran gewöhnt. Nein, das stimmte nicht, er hatte immer gedacht, sie käme wegen ihm.

Vieles ging Mike jetzt durch den Kopf. Sylvia war ja kaum beim ihm im Studio. Sie bereitete sich draußen vor ...

»Dreitausend Mark.«

»Hast Du wirklich Probleme?«

»Bitte, Mike. Du kriegst es zurück. Aber nicht so wahnsinnig schnell. Ich brauche eigentlich auch noch mehr. Aber dreitausend Mark, kannst Du das nicht irgendwie schaffen? Ich würde Dir das nie vergessen.«

»Warum fragst Du mich? Hast Du keinen Überziehungskredit? Geben Dir Deine Eltern nicht das Geld?«

»Meine Eltern würden wissen wollen, wofür das Geld ist. Ich will sie nicht belügen, aber ich kann ihnen auch unmöglich die Wahrheit sagen. Dir auch nicht. Bitte versteh das. Und glaube mir, mein Dispo ist längst verbraucht. Mir ist das wirklich peinlich, aber ich kann nicht anders. Ich brauche das Geld!«

Sylvia sah verzweifelt aus, und so begann Mike zu rechnen. Sicher, dreitausend Mark konnte er aufbringen. Und wenn er Sylvia jetzt nicht danach fragte, wofür sie das Geld brauchte, würde sie ihm das hoch anrechnen ...

## 7.

»Hast Du Dich mal gefragt, wieso bei uns noch kein Polizist aufgetaucht ist?«

Mark trank seinen Tee und sagte den einzigen intelligenten Satz, den Mike zu diesem Thema seit langem gehört hatte. Inzwischen hatte sich der Kreis der Verdächtigen einerseits ziemlich ausgeweitet. Leute wie Mark – der nicht nur am Mikrofon die Weltnachrichten, sondern auch in der Teeküche die hausinternen Gerüchte professionell verbreitete – hielten von Tag zu Tag immer mehr Leute für potentielle Computerdiebe. Andererseits gab es für den Chef nur noch einen Verdächtigen: Mike.

»Die Leute ganz oben wissen doch, wer es ist. Ich sage Dir, einer von uns wird hier bald ganz unauffällig verschwinden.«

»Möglicherweise ich.«

»Was moderierst Du auch nur nachts. Da kommt doch jeder auf dumme Ideen. Um die Zeit liege ich mit Thimo im Bett. Die dummen Ideen, auf die wir da kommen, sind vielleicht auch nicht immer ganz legal, aber wir brauchen dazu keine Computer.«

Mark war schwul und machte keinen Hehl draus. Das wäre ja noch okay gewesen, aber normalerweise machte er sogar eine richtige Show draus. Gelegentlich auch während der Nachrichten. Das interessierte Steigbaum wohl nicht. Mikes Ruhepause zwischen den Platten dafür sehr. Jede Nacht rechnete Mike damit, daß der Chef persönlich käme, um ihn so kontrollieren. Merkwürdigerweise passierte aber nichts.

## 8.

»FUN FM in Berlin, es ist kurz nach halb zwei, und wir sind wieder mitten drin in unserem Hit-Marathon. Jetzt gibt's drei Giga-Hits hintereinander, und wir beginnen mit Elton John!«

›Ich klinge schon fast wie Werner Waiga‹, dachte sich Mike, ›aber vielleicht komme ich dann auch in den Nachmittag.‹ Das war aber gar nicht sein großes Problem in dieser Nacht. Schlimmer war, daß es weitere Diebstähle gegeben hatte und daß er mittlerweile wußte, daß Sylvia die Diebin war. Sie brauchte Geld, und sie hatte die Gelegenheit. Und sie kam immer früher.

»Morgen Mike!«

»Hey, Sylvia. Da kommt die Carolin Reiber des modernen Hitradios. Du bist aber gnadenlos früh!

»Ich hab noch 'ne Menge vorzubereiten.«

Sylvia verschwand im Studiogang. ›Ich muß es wissen‹, dachte Mike. Und er wußte auch schon, wie er herauskriegen konnte, was Sylvia tat.

## 9.

Mike konnte die Computer und CD-Player klauen. Steigbaum würde auch bald drauf kommen. Das Geheimnis lag in einem kleinen, flachen Karton. Mike holte den Karton aus seinem Versteck unter dem Mischpult und öffnete ihn. Ein Tonband! 45 Minuten Musik und seine Stimme. Mit zitternden Händen legte er das Band auf die Maschine. Jetzt nur noch warten, bis der letzte Live-Titel zu Ende geht. Den Titel nicht auszuspielen, wäre verdächtig.

Sobald das Band lief, verließ Mike das Studio. ›Wenn sie jetzt einfach draußen an einem Schreibtisch sitzt, ist alles in Ordnung. Lieber Gott, laß sie da sitzen!‹

Der Redaktionsraum war leer.

Leise schlich Mike durch den Gang. Es gab noch eine zweite Redaktion. Dort war alles dunkel. Damit kamen die unverdächtigen Räume nicht mehr in Frage. Aber wo war Sylvia? In der Musikredaktion? Hier gab es keine Glastür. Mike lauschte. Nichts. Im Hintergrund hörte er das Programm von FUN FM durch die geöffnete Studiotür. Die Platte wurde leiser. Mike erschrak. Aber dann ging es weiter. Ein Blick auf die Uhr: Das Band lief noch über eine halbe Stunde. Außer ihm und Sylvia war niemand im Funkhaus. Außer der leisen Musik gab es keine Geräusche.

Mike probierte die Tür vom Chefbüro. Abgeschlossen. Gab's da drin ein Geräusch? Nein, da war nichts. Er ging zurück in den Gang. Jetzt blieb nur noch die Werbeabteilung. Auch hier keine Glastür. Mit der Hand an der Klinke hörte Mike sein Herz klopfen. Wie würde sie reagieren? Da drin war Sylvia, und montierte gerade irgend etwas ab. Plötzlich wollte Mike da nicht mehr rein. Er ging zurück ins Studio.

»FUN FM präsentiert die neue Platte von Whitney Houston. Vor ein paar Monaten hat sie ja noch ein Weihnachtslied gemacht, aber das kann man natürlich nicht mehr spielen. Und deshalb hat sie vorgesorgt!«

›Ich hab mich noch nie selbst im Radio gehört‹, dachte Mike. Er lachte nervös. Das Band lief noch 17 Minuten. Eine lange Zeit. ›Jetzt könnte ich Whitney Houston abwürgen und dann live weitermoderieren‹. Ein paar Sekunden vergingen. Dann ging Mike zurück zur Werbeabteilung.

Mit einem Ruck öffnete er die Tür. Der Raum war leer. Durch das Fenster sah er ein Taxi vorbeifahren, wenden und vorm Haus halten. Mark kam gerade an.

Aber wo war Sylvia? Plötzlich hörte er sie schreien.

»Mein Gott, Mike. Wo kommst Du denn her? Ich habe mich noch nie in meinem Leben so erschreckt wie gerade eben!«

Sylvia sah verschwitzt aus und wirkte hysterisch. Als Mike sie etwas fragen wollte, kam Mark zur Tür rein und nuschelte etwas von süßen Taxifahrern. In 30 Sekunden war das Band zu Ende.

## *10.*

War Sylvia wirklich in der Musikredaktion gewesen? Hatte sie dort einen Computer geklaut? Mike wußte es nicht. Er wollte es auch nicht wissen. Es bestand immer noch die Möglichkeit, daß jemand anders hinter den Diebstählen steckte. Warum nicht doch ein Fremder? Es gab nur eine Möglichkeit, das herauszufinden. Aber dafür mußte ein Opfer gebracht werden: Tiefe Dunkelheit statt angenehm kühler Nässe. Mike mußte in seiner freien Nacht ins Funkhaus, anstatt sich das eine oder andere Zehnerpack guter Biere zu gönnen.

Wo parken? Besser weit weg oder frech vor dem Funkhaus? Mike stellte seinen Wagen in der Grunewaldstraße ab, fast eine halbe Stunde Fußweg von FUN FM entfernt. Beim Gehen überdachte er noch einmal seinen Plan. Ganz hinten im Gang, neben dem zweiten Klo, das kaum jemand benutzte, lag das Werbe-Produktionsstudio. Hier befanden sich auch die Videorekorder, die rund um die Uhr das Programm von FUN FM aufzeichneten. Das Gesetz wollte es so, jede Sendung mußte für mindestens drei Monate archiviert werden. Deshalb gab es drei Rekorder, jeder lief acht Stunden. Wenn am Wochenende kein Techniker da war, um die Kassetten zu wechseln, dann machte dies oft Mike, deshalb hatte er einen Schlüssel.

›Wenn ich erstmal hinten bin, dann kann nichts mehr passieren‹, dachte er, ›es darf bloß keiner im Gang sein, wenn ich das Haus betrete.‹ Nervös öffnete Mike die Tür. Niemand. Der einzige Raum, in dem sich jemand befinden konnte – das Sendestudio – stand erfreulicherweise nicht offen. Ein echter Glücksfall, denn die meisten Kollegen machten die Tür abends nicht zu. So leise und vor allem schnell wie möglich schloß er das Produktionsstudio auf. Dann schlüpfte er in den dunklen Raum. Was jetzt? Mike hatte überhaupt nicht darüber nachgedacht, was genau er hier tun wollte. Warten, ja, aber wo?

FUN FM war ein äußerst schlampiges Unternehmen. Überall gab es leere Kartons. Nur hier nicht. In diesem Moment sah Mike, daß die vier Videorekorder auf einem übergroßen Karton standen, in dem vor Jahren ein großer Lautsprecher geliefert worden war. Jetzt war die Sache ganz einfach. Die Rekorder konnten ja auch auf dem Boden stehen, und der Karton zufällig hinten im Studio liegen. In einem Laden wie FUN sah das keineswegs merkwürdig aus.

Allerdings war es auch nur eine Notlösung. So ganz konnte Mike – der schon nicht besonders groß war – sich nicht hinter dem Karton verstecken, aber eine andere Möglichkeit gab es nicht. Wenn der Dieb frech genug war, beim Klauen das Licht anzumachen, würde Mike sich nicht mehr selbst entscheiden müssen, ob er sich zu erkennen geben wollte oder nicht …

Die Zeit verging. Langsam stellte sich eine gewisse Gemütlichkeit im selbstgebauten Versteck ein, aber die Anspannung blieb. Mitternacht. Jetzt war Moderatorenwechsel. Hier hinten hörte man nichts.

Stundenlang konnte sich Mike nicht sicher sein, ob seine Ohren überhaupt noch funktionierten. Nicht ein einziges Auto war von draußen zu hören, nicht mal eine Katze oder irgendein Geräusch, das der Wind verursachte. Aus der anfänglichen Gemütlichkeit war eine unbequeme Lage geworden. Daraus wurden Rückenschmerzen. Plötzlich vergaß Mike diese Schmerzen. Ein lautes Knacken durchbrach die Stille. Es kam von Innen, da war etwas im Studio. Wie konnte jemand hereingekommen sein, ohne das geringste Geräusch? Lag er hier hinten vielleicht von Anfang an nicht allein? Mike fröstelte, er hielt den Atem an. Nichts mehr.

## *11.*

›Vermutlich komme ich jetzt wieder in den Berufsverkehr. In dieser Hinsicht bin ich ein Künstler‹, dachte Mike. Aber im Grunde genommen war ihm nicht nach Witzen zumute. Es hatte sicher eine halbe Stunde gedauert, ehe Mike klargeworden war, was er da für ein Geräusch gehört hatte. Dabei kannte er diesen ›Krach‹ sehr gut: Einer der Videorekorder war ausgegangen, weil die Kassette durchgelaufen war, und der andere hatte sich eingeschaltet. Weil die Geräte jetzt direkt auf dem Boden standen, war das alles etwas lauter gewesen als üblich. Mehr nicht. Jetzt war es drei Uhr morgens, und Mike war froh, in seinem Auto zu sitzen, denn schon bald hätte er keine Chance mehr gehabt, ungesehen aus dem Funkhaus zu schleichen.

Im Wedding angekommen, machte Mike das Radio an – allerdings nicht FUN FM –, kochte Kaffee und dachte nach. Wenn sich morgen nichts tat, dann mußte er noch mindestens zwei Wochen warten, ehe er den Dieb schnappen konnte. So lange hatte er Dienst.

## *12.*

Diesmal war der Platz hinter dem Karton – den tagsüber natürlich niemand weggeräumt hatte, denn es hatte ihn wohl niemand der vier Leute, die mehrmals darüber hinweggestiegen waren, wirklich bemerkt – überhaupt nicht mehr gemütlich. Mit schmerzendem Rücken wartete Mike auf das Geräusch der Videorekorder. Noch etwa zehn Minuten, dann schalteten die Geräte um. Auf die Sekunde genau um zwei Uhr morgens.

Als die Tür vom Sendestudio aufging, hörte Mike Schritte. Sehr korrekt, der Kollege Benno Ben. Im Studio war das Rauchen nämlich verboten, und er ging also dazu – wie sonst nur die Moderatoren tagsüber – in den Gang. Offenbar war Mike heute konzentrierter als gestern, wo er nicht mal den Schichtwechsel inklusive nächtlichem Gespräch mitbekommen hatte.

Inzwischen war wieder alles ruhig. Ein Blick auf die Uhr: In vier Minuten würden die Videorekorder zu hören sein. Bis dahin vermutlich einsame Stille, wenn Benno nicht gerade Kettenraucher war.

Plötzlich passierten zwei Dinge auf einmal: In dem Moment, in dem Mike einfiel, daß er Benno Ben noch nie hatte rauchen sehen, hörte er bereits den Schlüssel. Sehr leise öffnete jemand die Tür. Die kleine Figur des Moderators kauerte sich hinter ihrem Pappkarton zusammen. Drei Sekunden vergingen. Ruhe. Dann wieder Schritte. Aber kein Licht. Neue Geräusche. Mike faßte all seinen Mut zusammen und spähte aus seinem Versteck. Es war nicht viel zu erkennen, aber die Gestalt, die da gerade versuchte, die eingebauten CD-Player abzumontieren, war eindeutig nicht Sylvia. Fast hätte Mike gelacht: Endlich gab es eine zweite Person im Funkhaus, die einen Anzug mit Krawatte trug. Bisher hatte nur Programmchef Steigbaum das für nötig gehalten. Aber der Dieb war wohl auch ein ›Mann von Welt‹. Was sollte Mike tun? Er hatte sich vorgenommen, den Täter zu stellen, und wollte es auch gerade tun. Aber als Mike aufstehen wollte, gefror ihm das Blut in den Adern. Es gab auch weiterhin nur einen einzigen Mann mit Anzug in diesem Funkhaus.

## *13.*

Es gab nur einen einzigen Wunsch, den Mike nicht hatte, als er vor Sylvias Haus einen Parkplatz fand: Eine weitere unangenehme Entdeckung. Ausgerechnet dieser gar nicht vorhandene Wunsch wurde ihm zehn Minuten später erfüllt.

Einerseits hatte er Glück. Sylvia war weder im Bett, noch hatte sie schon das Haus verlassen. Andererseits hatte er Pech: Die Frau, die da im T-Shirt vor ihm stand, war nicht die Sylvia Lorenz, die er kannte. Sie war totenblaß, nervös, angespannt und sprach mit einer ihm unbekannten Stimme.

»Was willst Du?«

»Er ist es selber. Steigbaum. Ich habe gerade gesehen, wie er Geräte aus dem hinteren Produktionsstudio entfernt hat. Er ist der Dieb.«

Mikes Stimme klang so, als ob er nicht daran glaubte, von Sylvia wenigstens rein akustisch verstanden zu werden.

»Du hast geträumt. Du bist ja heute nacht selber nicht im Funkhaus gewesen. Du hast doch frei und warst in Deinem Bett.«

Langsam wurde Sylvia wieder normaler, und Mike erzählte ihr die ganze Geschichte. Dabei fiel ihm auch ein, daß heute Sonntag war, und Sylvia gar nicht ins Funkhaus mußte.

»Ruf' ihn an. Er ist bestimmt noch nicht zu Hause, der wohnt doch so weit draußen. Und ich bin sofort zu Dir gefahren, als ich mir sicher war, daß er weg war. Außerdem hat Steigbaum sein Auto heute nacht sicher nicht direkt vor dem Funkhaus geparkt.«

Mike hatte das getan, leichtsinnigerweise, aber er war einfach unheilbar faul. Trotzdem machte er sich Sorgen, daß das alles zu lange gedauert hatte, und Steigbaum vielleicht doch schon zu Hause sein könnte, wenn Sylvia ihn jetzt anrief. Aber dann würde er erstaunlich wach klingen, für drei Uhr morgens.

»Er ist nach dem zweiten Klingeln rangegangen.«

Mit diesem lakonischen Satz ging Sylvia in die Küche, und kam erst nach einer Weile wieder zurück. Mit Kaffeepulver hatte sie dort allerdings nicht hantiert. Mike begriff langsam. Um dieses Pulver, daß hier im Spiel war, richtig einzusetzen, brauchte man kein heißes Wasser, sondern besser einen Taschenspiegel. Wofür auch immer Steigbaum das Geld brauchte, daß er für die geklauten Sachen bekam, wofür Sylvia soviel Kohle brauchte, das war jetzt klar.

## *14.*

Der Tatsache, daß Mike absolut nicht in der Lage war, eine Entscheidung zu treffen, trug das Schicksal oft mit seiner Neigung Rechnung, ihm die Entscheidungen abzunehmen. Deshalb hatte er auch wenig Zeit, sich zu überlegen, ob er besser zur Polizei gehen, oder Dr. Werner Steigbaum erpressen sollte. Schon am Montag hatte FUN FM nämlich keinen Programmchef mehr. Steigbaum hatte – ohne Einhaltung jeglicher Kündigungsfrist – telefonisch gekündigt und war dann verschwunden. Als Sylvia Mike das berichtete und gleichzeitig erzählte, woher sie ihr Kokain bekam, ohne dabei zwei verschiedene Namen nennen zu müssen, fand er diesen seltsamen Abgang auch nicht mehr besonders erstaunlich.

## 15.

»Und, kannst Du Dich mit meinem Lebensstil abfinden? Mach' Dir keine Sorgen. Dein Geld bekommst Du zurück, das garantiere ich Dir. Vielleicht kriegst Du's schon nächste Woche.«

»Ich bekäme lieber mehr Geld von FUN FM, am liebsten dafür, daß ich die Nachmittags-Sendung moderiere. Aber ich glaube nicht, daß der neue Programmchef diese Idee besonders gut findet. Der mag mich nicht, und das kann ich gut verstehen.«

»Schade, daß Du Dich da unbeliebt gemacht hast. Immerhin wird die Schicht frei. Als Chef kann Werner Waiga ja auf die Dauer nicht jeden Tag vier Stunden lang moderieren.«

*Jürgen Ebertowski*

# Sweet Rita

*Hartwig Schulte-Loh gewidmet*

Die stickige Zelle im obersten Stockwerk des Untersuchungsgefängnisses von Floriana, in der ich hocke, ist eine Zumutung, die an Folter grenzt. Ich habe das sowohl dem Anwalt gesagt, den mir die Botschaft geschickt hat, als auch diesem wortkargen Inspektor Grech, der die Ermittlungen gegen mich leitet. Der Anwalt hat nur mit den Schultern gezuckt und gemeint, man könne da wohl kaum Abhilfe schaffen, ganz Malta würde momentan unter der außergewöhnlichen Hitze leiden. »Ich werde aber veranlassen, daß Sie einen Ventilator bekommen.«

Grech hatte den Kopf geschüttelt. »Bis auf einen Rasierapparat sind den Untersuchungshäftlingen keinerlei elektrische Geräte gestattet.«

Er hat den Anwalt aus der Zelle geführt und ist dann eine Stunde später wiedergekommen. »Mr. Willmore, der Haftrichter teilte mir soeben mit, daß nachher eine weitere Anhörung anberaumt worden ist.«

»Weshalb das?«

»Sorry, ich bin nicht befugt, Ihnen schon Auskunft zu geben. Sie erhalten die Anklageschrift rechtzeitig vor dem Termin mit Sir Bonnici. Ihr Verteidiger wird natürlich auch informiert. Nur soviel: Die Navy hat das Wrack der Cessna zwischen Malta und Gozo geortet. Ein Bergungsschiff ist unterwegs.«

»Hören Sie, Inspektor. Ich weiß nicht, was man mir noch alles vorwirft, aber ich bestreite entschieden, Baronin de Neva beseitigt zu haben. Außerdem war ich zur Zeit des Unglücks mit meiner Begleiterin auf Gozo. Sie wird es bezeugen, wenn sie aus Deutschland zurückkommt.«

»Wann wäre das?« Grech zückte einen abgegriffenen Taschenkalender.

»Morgen, fünfzehn Uhr, mit der Lufthansa aus Frankfurt.«

»Der Name der Dame?«

»Schoeller, Rita Schoeller.«

»Die Adresse in Malta bitte!«

Zähneknirschend gab ich Auskunft.

Die schwere Eisentür schloß sich quietschend hinter ihm. Meine Hände zitterten, als ich nach der Zigarettenschachtel griff.

Ich heiße Marc Howard Willmore, und ich bin unschuldig – zumindest habe ich nicht das geringste mit dem Absturz von Gracia de Nevas Cessna zu tun, wie es Grech bei jedem Verhör in immer neuen Variationen angedeutet hat.

Heute ist der vierte Tag der Malta International Air Rallye. Wenn ich auf den Schemel steige, kann ich vom Zellenfenster aus winzige silberne Punkte am Himmel erkennen. Manchmal vermeine ich sogar die Motorengeräusche zu hören.

Verhaftet hatte man mich gestern bei der Ausreise wegen versuchter Bestechung eines Zollbeamten und wegen ungenehmigter Ausfuhr nationaler Kulturschätze in Tateinheit mit Urkundenfälschung.

*

»Ein bedauerliches Mißverständnis, Sir!« hatte ich protestiert. »Ich habe den Officer von der Zollabfertigung lediglich gebeten, die Exportpapiere der Gemälde zu akzeptieren, obwohl noch der eine oder andere Stempel vom Handelsministerium gefehlt haben mag ... Wollen Sie es mir verübeln, daß in der Aufregung – mein Name war ja bereits mehrmals über Lautsprecher ausgerufen worden – daß mir in der Aufregung ein paar Geldscheine aus der Brieftasche gerutscht und auf die Dokumente gefallen sind? – Ich versichere Ihnen, Sir, reiner Zufall! Schließlich sind ja auch das Flugticket und der Reisepaß aus meiner Brieftasche geglitten. Und was die Exporterlaubnis angeht, da müssen Sie schon Herrn van Schelf befragen. Die hat er besorgt.«

Der Haftrichter war uneinsichtig geblieben. »Inspektor Grech hat gewissenhaft nachgeforscht, Mister Willmore. Eine Person namens Willem van Schelf ist dem Immigration Office nicht bekannt.«

Ich hätte heulen konnen vor Wut, als man mich abführte, denn ich bin auf einen ganz billigen Trick hereingefallen, auf den allerbilligsten!

Ich hatte van Schelf in Kaç, einem Touristenort an der türkischen Mittelmeerküste, kennengelernt. Mir war gerade ein äußerst lukratives Geschäft geglückt. Ein dänischer Industrieller war durch meine Vermittlung in den Besitz einer wertvollen Kelimsammlung gelangt. Beim Beschaffen der erforderlichen Ausfuhrdokumente hatte ich mich ebenfalls nützlich gemacht.

Van Schelf sprach mich eines Abends im Sunrise an, einer gemütlichen Bar am Hafen, die wir beide regelmäßig besuchten. Wir grüßten uns seit längerem, hatten auch schon mal ein paar Worte miteinander gewechselt. In einem kleinen Ort wie Kaç bleibt es nicht aus, daß man sich ständig begegnet.

Er war ein Koloß von einem Mann – etwa in meinem Alter, also in den sogenannten besten Jahren – und thronte wie ein fetter japanischer Glücksgott auf einem Kissenlager im hinteren Teil der Bar, wo man à la turque saß. Vor ihm stand ein Sektkühler, aus dem ein goldener Flaschenhals ragte. Auf einem Beistelltisch glänzte ein Kupfertablett mit diversen Mezeler. Van Schelf verzehrte gerade genüßlich eine Sigara böregi, eine mit Schafskäse oder Lammhack gefüllte Teigrolle. Es war noch früh am Abend, und wir waren die einzigen Gäste. Für eine Sekunde überlegte ich, ob der Dicke auch einer von Ritas früheren »Sponsoren« gewesen sein mochte. Geld genug schien er zu haben. Er wohnte in einer modernen Strandvilla mit eigenem Swimmingpool. Aber dann fiel mir ein, wie sich Ünal einmal über ihn mokiert hatte. Ünals Teppichladen war die Klatschbörse von Kaç.

»Weißt du, wen er eingestellt hat? – Das Rehauge und den Flötisten!« Das Rehauge und der Flötist aus dem *Oscar W.* waren vermutlich die begehrtesten Buhlknaben von ganz Lykien. Ünal waren vor Lachen die Tränen gekommen. »Und weißt du als was? Als Gärtner und Koch! –

Stell dir bloß folgende Szene vor: Rehauge schwingt die Pfanne und der Flötist greift zum Spaten.« Ein erneuter Lachanfall hatte ihn geschüttelt. »Die können doch nur mit einem Gerät richtig hantieren.«

Ich hatte den Dicken gemustert. Eine Schönheit war er nicht gerade, aber er strahlte unbestritten eine gewisse Würde aus. Außerdem hatte er eine angenehme Stimme. Vielleicht war er ja auch bisexuell. Nun ja, ich würde Rita irgendwann fragen. Über ihre verflossenen Gönner plauderte sie freizügig, was für mich eine Quelle steter Inspiration bedeutete – nie im Leben hätte ich sonst Ünal dazu bewegen können, bei dem delikaten Kelim-Deal behilflich zu sein.

Van Schelf nahm mit spitzen Fingern eine Papierserviette, schüttelte sie und betupfte sich die Lippen. »Merhaba Effendi! Heute ohne Ihre charmante deutsche Begleiterin?«

Ich zog mir ein Sitzkissen heran. »Sie hält noch rasch einen Schönheitsschlaf. Ünal gibt später eine Party. Bei seiner letzten sind wir alle erst nach dem Frühstück gegangen.«

Van Schelf seufzte. »Tja, die Jugend von heute. Wie soll ich es ausdrücken? Kein Stehvermögen mehr!« Er zwinkerte mir zu. »Meine Domestiken zum Beispiel. – Ich zu meiner Zeit, aber lassen wir das. Übrigens, falls Sie zugreifen möchten«, er deutete auf die Meze-Platte, »bitte, bedienen Sie sich einfach!«

»Danke, sehr freundlich! Aber, wie gesagt, wir sind nachher noch eingeladen.«

»Dann lassen Sie uns wenigstens ein Gläschen trinken, während sich die jungen Leute regenerieren. Ich glaube, das ist auch Ihre bevorzugte Marke.

Er hatte recht. Wenn ich Champagner orderte, dann Veuve Cliquot.

Als ich Rita das erste Mal ins Sunrise ausgeführt hatte, hatte sie mir nach der zweiten Flasche ins Ohr geflüstert: »Die Witwe, Howdy, enthemmt mich immer so herrlich.« – Was sie damit gemeint hatte, erfuhr ich ausführlich in der selben Nacht.

Van Schelf schnippte mit den Fingern. Augenblicklich wurde ein Schampusglas gebracht. Er schickte den Kellner weg und schenkte mir eigenhändig ein.

»Cheers!« sagte ich. »

»Cheers!« sagte er. »Und auf Ihr gelungenes Geschäft mit dem Herrn aus Århus. Gratuliere! Teppiche aus der Serafettin Moschee von Konya zu beschaffen, war bestimmt nicht einfach. Alle Achtung, Sie verfügen offenbar über ein außerordentliches – äh – organisatorisches Talent!«

Ich muß plötzlich sehr bleich geworden sein. »Wie? – Woher?« stotterte ich.

Van Schelf beugte sich vor und legte seine Pranken auf meine Schultern. »Seien Sie unbesorgt, Willmore. Von mir erfährt niemand auch nur ein Sterbenswörtchen.«

Und dann hatte er mir von Gracia de Neva erzählt und von Mdina, der ehemaligen Hauptstadt Maltas, wo noch immer Angehörige des einheimischen Adels Palazzi besitzen, die bis unter das Dach angefüllt sind mit Kunstschätzen, nach denen sich jeder Museumsdirektor die Finger lecken würde. Er beschrieb mir Baronin de Nevas Villa Casa Felice, ihre riesige Gemäldesammlung, schilderte die zahllosen Salons, zum Teil dreilagig mit Teppichen ausgelegt, schwärmte von gobelinbespannten Hallen, von Truhen mit Tafelsilber und antiken Möbelstücken, und sprach von dem drohenden Schadensersatzprozess gegen die Baronin, weil der unter nie völlig geklärten Umständen ums Leben gekommene Gatte in einen gewaltigen Betrugsskandal verwickelt gewesen war.

Er hatte auch davon gesprochen, daß die über alle Kontinente verstreuten Geschädigten demnächst auf Regulierung ihrer Ansprüche drängen würden – und die Baronin deshalb beabsichtigte, die wertvollsten Sachen außer Landes zu schaffen.

»Ich denke, das wäre doch etwas auf Ihrer Linie, Willmore!«

Ich hatte mich wieder in der Gewalt. Van Schelf war zwar gerade dabei, mich mit Engelszungen zu erpressen, aber es klang nicht so, als ob er Geld von mir wollte. Meine speziellen Fähigkeiten waren gefragt.

»Sprechen Sie weiter!«

»Die meisten dieser Gemälde, Tepppiche, und was-weiß-ich-noch, sind bislang nie in der Öffentlichkeit gezeigt worden. Es gibt drei kleinere Caravaggios, alleine die würden auf dem Weltmarkt Millionen bringen – von den Kelims mal ganz zu schweigen, die ein Vorfahre der de Nevas auf einer Kaperfahrt dem Bey von Tunis abgeknöpft hat ...«

Ich wurde plötzlich sehr hellhörig. »Was erwarten Sie von mir?«

»Hätten Sie Lust, mich zu begleiten? Die Zeit drängt. Uns bleiben maximal zwei Monate für die Aktion. Ich fliege übermorgen nach Malta.«

»Was?« Ich rieb Daumen und Zeigefinger aneinander.

»Es geht der Baronin hauptsächlich darum, die Gemälde zu retten. Mit den Teppichen können Sie machen, was Sie wollen.« Van Schelf schenkte mir ein mildes Lächeln. »Natürlich kann ich Sie nicht zwingen ...«

Ich willigte selbstverständlich ein. Mit der türkischen Justiz war nicht zu spaßen.

Zwei Tage später landeten wir in Luqa. Rita kam nach. Wir suchten uns auf Gozo ein komfortables Razett, nicht weit von der Ramla Bay entfernt. Der Mietvertrag wurde auf ihren Namen abgeschlossen: Rita Schoeller, Künstlerin. Hätte der Herr vom Tourist Office gewußt, worin Ritas Kunstfertigkeiten bestehen, hätte er ihr bestimmt noch ungenierter in den Ausschnitt gestarrt.

Das ehemalige Farmhaus besaß einen trockenen und geräumigen Gewölbekeller. Wenn Rita Tennisunterricht nahm oder Wasserski lief, schaffte ich die Kelims dorthin. Man soll seine Mitmenschen nicht mit unnötigem Wissen belasten. Ich belastete übrigens auch van Schelf und die Baronin nicht mit der Adresse unseres Feriendomizils.

Ein weitläufiger Verwandter der Baronin arbeitete im Handelsministerium. Wir bekamen jede gewünschte Ausfuhrgenehmigung. Der Mann hatte horrende Spielschulden. Joseph Bugeja, ein Beamter von der Zollabfertigung in Luqa, machte eine überraschende Erbschaft und an Schelf hatte

elt. Mal ist van
mer dienstags,
lesmal von mir
lle hinein habe
lich eilig, Rita
ar Tage verließ.
sie ihn nicht zu

ich hier – äh –
n ziemlich pro-
«

Gracia de Neva
genommen. Die
as Gegenteil von
geisterte Sport-
inieren. »Ich bin
zwar erst am Montag aufgestellt, aber den Sonntag brauche ich vermutlich um den Restalkohol loszuwerden. Wir feiern heute noch das zehnjährige Bestehen unseres Aeroclubs.«

Während des Fluges fotografierte Rita pausenlos mit der neuen Kamera, die ich für sie im Duty-Free-Shop von Antalya gekauft hatte. Wir überflogen Gozo. Über der Ramla Bay bat ich die Baronin etwas tiefer zu gehen. Ganz deutlich konnte ich die Liegestühle auf unserer Terasse sehen. Ritas roter einteiliger Badeanzug lag noch immer auf der Luftmatratze hinter dem Geräteschuppen, wo wir gleich nach dem Frühstück …

Im letzten Abendlicht setzte die Cessna sanft in Luqa auf und rollte in den für Sportflugzeuge reservierten Bereich.

»Kommen Sie doch noch auf einen Drink ins Clubhaus.«

Die Stimmung dort war bereits sehr ausgelassen. Es blieb natürlich nicht bei einem Drink. Rita hielt sich zurück und trank nur Weinschorle. »Einer von uns muß ja schließlich fahren.« Gegen Mitternacht wollte sie ein paar Erinnerungsfotos machen. »Oh, Mist! Ich glaube, ich habe die Kamera im Flugzeug vergessen.«

»Sssie fffinden doch den Vvvogel, Howard?« Die Baronin mußte sich konzentrieren, um einigermaßen verständlich zu artikulieren; kein Wunder, wir hatten unzählige Gin Tonic vernichtet.

»Null Problem!« Ich machte mich schwankend auf den Weg. Es war in der Dunkelheit verdammt schwierig, die richtige Maschine zu erwischen. Fast alle Clubmitglieder besaßen Cessnas. Erst in der sechsten wurde ich fündig.

Den Sonntag und den halben Montag haben Rita und ich dann noch drüben auf Gozo verbracht. Am Abend ist sie für ein paar Tage nach Deutschland geflogen; irgendeine Freundin heiratete.

Um die Dinge nicht unnütz zu komplizieren, hatte ich ihr vor meiner Abreise nach Malta erzählt, daß ich hin und wieder als Scout einer Londoner Immobilienfirma arbeiten würde. Ich erinnere mich genau. Wir hatten uns in Kaç gegrillten Hummer aufs Zimmer bringen lassen.

»Verdient man da gut?«

»Immens, mein Schatz!« Daraufhin hatte sie befriedigt genickt, den Hummer zur Seite geschoben und sich lächelnd die Bluse aufgeknöpft.

»Das höre ich gerne.«

Wie ich unseren luxuriösen Lebensstil finanzierte, war von Stunde an nie wieder ein Gesprächsthema.

Als ich sie dann Montagabend in Luqa vor der Paßkontrolle umarmte, habe ich ihr noch ein Couvert in die Handtasche gesteckt. Wenn man auf die fünfzig zugeht und nicht unvermögend ist, sollte man spendabel sein. Ein paar große Scheine, gleichmäßig über den Monat verteilt, ist meiner Erfahrung nach die beste Methode, daß sich eine Frau wie Rita nicht urplötzlich in Luft auflöst. Übergepäck hatte sie wegen der Hochzeitsgeschenke reichlich. Ich habe es selbstverständlich ohne mit der

Wimper zu zucken bezahlt. Wie gesagt, kleine Geschenke erhalten die Freundschaft.

»Wenn du wieder aus Deutschland zurück bist, sind meine Geschäfte hier bald abgewickelt, und wir machen eine Kreuzfahrt. Tunis, Alexandria, Haifa – wohin du willst!«

Vom Flughafen aus bin ich direkt zu van Schelfs Lieblingsbar in Valletta gefahren. Wir haben bis spät in die Nacht gebechert und Zukunftspläne geschmiedet.

Dienstagmorgen hat er mich mit meinem Wagen zum Flugplatz gebracht, seiner wollte nicht anspringen. Ich sah reichlich verkatert aus und fühlte mich auch dementsprechend. Van Schelf war munter wie stets. All unsere Gelage gingen an diesem Elefantenbaby vorüber, ohne tagsdrauf sichtbare Spuren zu hinterlassen. Drei Zentner Lebendgewicht können manchmal durchaus von Vorteil sein.

Er war blendender Laune. »Zwei Touren noch, Howard, dann haben wir den ganzen Plunder weg. – Joe hat übrigens heute frei, aber sein Kollege ist eingeweiht.« Er machte die Geste des Geldzählens. »War übrigens nicht ganz billig, dieser Mensch. Egal! Ein Typ jedenfalls mit einem Stalin-Schnauzbart. Trägt eine verspiegelte Sonnenbrille und sitzt am Schalter ganz links.«

Offenbar war er aber doch noch nicht ganz so fit wie ich glaubte. Wir gerieten in Marsa in einen Stau, und als wir ihn umfahren wollten, verfranste er sich hoffnungslos in den Einbahnstraßen. Zwanzig Minuten vor meinem Abflug hielten wir mit quietschenden Reifen vor der Abflughalle.

»Die Zollpapiere, schnell!« Er drückte sie mir in die Hand. Ich klemmte die Gemälde unter den Arm und rannte los.

*

Nur wenn ich daran denke, muß ich mich zusammennehmen, daß ich keinen Tobsuchtsanfall bekomme, denn ich hatte wirklich nicht den geringsten Argwohn, daß diese Sau mich zu linken beabsichtigte. Es war meine vierte Londonreise und nie war etwas schiefgegangen. Wahrscheinlich hat er mir sogar noch fröhlich nachgewunken, dieses Schwein!

Ich sitze auf der Pritsche und stochere in einem Nudelbrei herum, der offenbar Timpana darstellen soll, im Rohr gebackener Makkaroniauflauf. Das Zeug schmeckt, als hätte man es auf einem Wellblechdach mit Dieselöl gegart!

Die Tür öffnet sich. Grech tritt ein, dreht sich zum Schließer um. »Bleiben Sie in der Nähe, es dauert nicht lange.«

Ich greife nach dem Teller. »Den Fraß kann er gleich mitnehmen. Ist völlig ungenießbar.«

Grech ignoriert meinen ausgestreckten Arm. »Der Kalfaktor wird das später besorgen.« Er setzt sich auf den Schemel unter dem Zellenfenster und reicht mir einen Plastikschnellhefter. »Ein paar Fragen hätte ich noch, Mr. Willmore, nachdem Sie einen Blick in die Anklageschrift geworfen haben.«

Fassungslos lese ich.

»Nun?«

»Eine üble Verleumdung!« schreie ich auf. »Ich bin Opfer eines niederträchtigen Komplotts!«

»Und wie erklären Sie sich die diversen Schaltpläne von Magnetunterbrechern in ihrer Nachttischschublade?«

»Ganz einfach. Van Schelf, oder wie immer er heißen mag, muß sie dort deponiert haben, um mich zu belasten.

»Die kerosinbefleckten Arbeitshandschuhe im Geräteschuppen auch?«

»Natürlich, wer sonst. Ein Kinderspiel. Ab Montagnachmittag war ja niemand mehr im Razett.«

»Immerhin bezeugen zwei Mitglieder des Aeroclubs, daß Sie die Party für circa zwanzig Minuten verlassen haben. Also Zeit genug, die Treibstoffzufuhr der Cessna zu manipulieren.«

»Blödsinn! Ich bin technisch absolut unbegabt. Meine Freundin hatte

Ihre Kamera im Flugzeug vergessen. – Morgen, Inspektor, können Sie sich damit den Hintern wischen.« Ich werfe ihm den Schnellhefter vor die Füße. »Morgen um drei landet nämlich eine Maschine aus Frankfurt mit einer Dame, die diesen absurden, diesen hirnrissigen Anschuldigungen ein Ende bereiten wird.«

Grech lächelt mich mitleidig an und erhebt sich. »Zu Ihrer Information, Mr. Willmore. Eine Person namens Rita Schoeller ist nie in Malta ein- oder ausgereist.« Er geht zur Zellentür, klopft.

Langsam beginne ich zu begreifen. »Die Kelims«, höre ich mich stammeln. »Was ist mit den Kelims im Keller?«

»Kelims, Mr. Willmore? Im Keller? – Ich weiß nicht, wovon sie reden. Wir haben das gesamte Anwesen gründlichst untersucht. Der Keller war leer.«

# Die Autoren

*H.P. Karr & Walter Wehner*

Karr, geb. 1955 in Saalfeld/Thüringen, Wehner, geb. 1949 in Werdohl, arbeiten seit 1988 zusammen. 1988 Serner-Preis für die beste Kriminalgeschichte, 1995 nominiert für den Glauser.
Veröffentlichungen (Auswahl): *Berbersommer* (A4-Verlag), *Geierfrühling* (Haffmans Verlag)

*Eva Klingler*

geb. 1955 in Gießen, freie Autorin und Journalistin, lebt und arbeitet in Baden-Baden.
Werkauswahl: *Bürogeflüster* (Econ Verlag), *Die Strohfrau* (Goldmann)

*– ky (Prof. Dr. Horst Bosetzky)*

geb. 1939 in Berlin. Als Schriftsteller erhielt er zahlreiche Preise, z.B. 1988 den Prix Mystère de la Critique und 1992 den Ehren-Glauser. Bosetzky, wohl auflagenstärkster deutscher Krimiautor, lebt in Berlin.
Werke (Auswahl): *Stör die feinen Leute nicht* (Rowohlt), *Einer von uns beiden* (Rowohlt), *Fendt hört mit* (Schwarzkopf und Schwarzkopf), *Wie ein Tier* (Argon).

*Silvo Lahtela*

geb. 1959 in Helsinki, Muttersprache Deutsch, lebt als freier Autor, Drehbuchschreiber und Aikidolehrer in Berlin.
Bücher (Auswahl): *Zeichendämmerung* (Insel-Verlag), *Alp Traum Terror* (Schwarzkopf & Schwarzkopf)

*Sibylle Nägele & Joy Markert*

Sibylle Nägele, geb. 1959 in Brettbach/ Heilbronn und Joy Markert, geb. 1942 in Tuttlingen schrieben 1994 ihren ersten gemeinsamen Krimi: *Nachtcafé Schroffenstein* (Schwarzkopf & Schwarzkopf). Sibylle Nägele schreibt Theaterstücke und studiert Germanistik, Joy Markert hat über 50 Hörspiele verfaßt. Die Autoren leben in Berlin.

*Jan Eik (Helmut Eikermann)*

geb. 1940 in Berlin, Herausgeber des SECRET SERVICE, Autor, Hörspielautor, schreibt auch Funkfeatures und Fernsehszenarien. 1990 wurde sein Roman *Der siebente Winter* (Bastei-Lübbe) mit dem Handschellenpreis ausgezeichnet. Weitere Werke: *Dann eben Mord, Wer nicht stirbt zur rechten Zeit* (Das Neue Berlin)

*Dieter Kassel*

geb. 1968 in Duisburg, Rundfunkredakteur bei »Fritz« (ORB), Moderator. In *CRIME TIME* erstmals mit krimineller Energie auf Sendung.

*Jürgen Ebertowski*

geb. 1949 in Berlin. Seit 1993 freier Schriftsteller und Leiter des AIKIKAN BERLIN, wohnt nach mehrjährigen Aufenthalten in Japan und Malta wieder in der Spree-Metropole.
Krimis: *Esbeck und Mondrian* (éditions trèves), *Maltagold* (Haffmans), *Aikido Speed* und *Berlin Oranienplatz* (Schwarzkopf & Schwarzkopf)

*Corinna Wittke*

geb. 1966, Studium der Kunsterziehung an der Akademie der Bildenden Künste in München, gestaltete das Cover.